はしゃぎながら夢をかなえる世界一簡単な法

本田晃一

やりたいこと、なりたいもの、ほしいもの……
僕たちはいつの間に、なくなってしまったんだろう？

子どものころの僕たちには、

「将来の夢はなに？」

って聞かれたら、

両手でも足りないくらい、

たくさんの夢があった。

大人になるにつれて、
世間の常識とか、しがらみとかがわかってくると、
僕たちは、こんなふうに思うようになる。

「自分の好きなことをやって、
うまくいくなんてありえない」
「努力しないと、夢はかなわない」

って。

本当にそうかな？

大人になっても、
あのころみたいに、
数えきれないくらい夢を持って、
ワープスピードで
かなえる方法があるんだ。

何かって?

自分が「はしゃいだ気持ち」
になれるほうを選ぶってこと。

あのころみたいに無敵モードで
全部うまくいく、とっておきの秘密を教えよう。

プロローグ

はしゃぎながら夢をかなえるか、苦労して夢をかなえるか

世の中には苦労して、頑張って、夢をかなえる人がいます。
そういう人の教えを聞くと、苦労して、頑張って夢をかなえることになります。

一方、世の中には全然頑張らないで、ラクして、子どものようにはしゃぎながら夢をかなえてしまう人もいます。
そっちのほうの教えを聞くと、ラクして、楽しく夢をかなえることができます。

ダイエットと同じですね。リンゴダイエットで成功した人に聞けば、リンゴでダイエットをすることになります。糖質カットダイエットの人に聞けば、自分も糖質カットダイエットをすることになります。

どちらがよくて、どちらが悪いということではありません。「自分がどれを選びたいか」だけの問題です。

選べるんです、自分で。はしゃぎながら夢をかなえる道も、苦労しないとかなえられない道も。

僕なら、はしゃぎながら、楽しく夢をかなえるほうを選びたいです。だってそのほうが人生、楽しそうだし。

「はしゃぎながら、楽しく夢をかなえるなんて、そんな都合のいい話があるもんか！」

と、怒る人もいるかもしれませんね。「夢は努力して、苦労して、頑張らないとかなわないんだ！」って。

たしかに戦争中とか、昭和の時代なら、そうだったかもしれません。

でも、いまはもう時代が違うと思います。ネットで世界中がつながって、お金の入り方や仕事のやり方も大きく様変わりしています。

クリックひとつで何百万、何千万と稼いでしまう人もいますよね。

実際、僕らの周りにもはしゃぎながら、ラクして、楽しく夢をかなえている人がいっぱいいるんじゃないでしょうか。ただしそういう人は、ラクしているうちに夢がかなった！　と、あまり自覚していないので、大っぴらに「自分がそうです！」と言いませんけど。

「ラクして夢なんて、かなうはずがない」と思っている人は、たぶん、ルールを知らないだけ。

たとえばサッカーをやっていても、ルールを知らなければ「ボールを手でとったら、みんなに怒られたじゃないか」ということになりますよね。

「足だけを使うんだよ。頭は使っていいよ！」ということがわからなかったら、ルールを知っている人にいつもボールを持っていかれてしまいます。全然楽しくありません。

でもルールを知っていると、楽しくサッカーできる。

ラクに夢をかなえるには、やり方があるんです。そのルールさえ知っていれば、すごく楽しくゴールが決められます。その方法を、この本を読んでくださった方だけに、こっそりお伝えしたいと思います。

はしゃぎながら夢をかなえるには、ルールがある

僕がなぜそのルールを知ったのかというと、20代のころ、ゴルフ会員権を売買する仕事をしていたからです。何百万、何千万とするゴルフの会員権を扱うわけですから、当然、お客様は富裕層と言われる人たちです。

遊びのために5000万円の会員権をいきなりキャッシュでポンと買ってしまう方がいらっしゃるかと思えば、事業に失敗して、会員権を手放す方もいらっしゃいました。あるとき僕が、田園調布の大豪邸に会員権の引きとりに行ったら、後ろにダンボールが山積みになっていて、「今夜、夜逃げかな……」という生々しい現場を目撃したこともあります。

いわばうまくいった方と、一時はうまくいったけれど、そのあと大変な目に遭われた

方の両方を、数えきれないくらい毎日見てきたわけです。

たくさんのうまくいった方、失敗した方を見るうちに、「こうしたらうまくいく」「これをやったら失敗する」というのが僕なりになんとなく見えてきました。

それと同時に、ラクして楽しく夢をかなえ、ずっと幸せでいられる人がたくさんいる、ということもわかってきたんです。

うまくいく方法を知りたければ、うまくいっている人にその方法を聞くのがいちばんです。笑いながら、楽しく人生を過ごしたければ、笑って人生を送っている人に聞くのがいちばんです。「どうしたらあなたのような人になれるんですか?」って。

僕の30代はほとんど彼らのようなすごい人たちから話を聞くことに費やされました。どうやったらはしゃぎながら、楽しく夢をかなえられるのか。

この本にはすごい人たちから僕が聞き集めたり、自分で経験したルールをありったけ書いたつもりです。みなさんの参考になれば幸いです。

「はしゃいだ気持ち」になれるほうを選んで、とにかくやってみよう

本論に入る前に、ちょっと僕自身のことを紹介させてください。

僕は、さまざまな会社の顧問や経営コンサルタントをするかたわら、仕事も人生もうまくいっている人の教えを広めるセミナーを開催しています。

いまは、こんなふうに毎日好きなことだけして暮らしていて、時間もお金もたっぷりありますし、とても幸せです。

でも、20歳を迎えたころの僕は最悪でした。

当時、イケてる男子の条件は〝3高〟、つまり、高学歴、高収入、高身長でした。けれども僕はそのどれもがない〝3低〟の男子だったからです。

まず学歴。僕は成績が悪すぎて大学へ行くことができず、高校の先生に推薦状を書いてもらって、ようやく短大の夜間部にもぐり込んだようなダメダメの劣等生でした。で

も生意気なようですが、推薦で入った短大には僕が学びたい、と思えるようなことはほとんどありませんでした。

僕はお金持ちになりたかったのに、その方法を教えてくれる授業が短大にはなかったんです。僕は早々に短大から去ることになりました。

だから、僕の最終学歴は高卒です。

それから収入。父がゴルフ会員権を販売する会社を経営していたとはいえ、バブルがはじけてからは、何億も負債を抱えて、倒産の危機に瀕してしまったんです。

僕は24歳でこの会社を手伝うことになり、1年で10億の売上をとり戻すことになるんですが、その話はおいおいするとして、とにかく20歳の時点では、おせじにもお金持ちとはいえない、むしろふつうよりかなりヤバい経済状況に置かれていたわけです。

そして身長。僕は、小さいころから背が低いのがコンプレックスでした。身長は160センチですから、男子にしたら低いほうだと思います。

いまは気にしてませんが、青春まっ盛りの僕にとってはかなり深刻な悩みでした。

短大を除籍になったあと、僕は仕事をしたくていろいろやり始めてみたのですが、全然うまくいきませんでした。そんなとき、僕の人生を変える鳥肌が立つような衝撃的な出来事が起きたんです。

バイト先にいた先輩が、オーストラリア大陸をバイクで回ると言い出して、本当に行ってしまいました。かなりウザい先輩だったので、僕としては「勝手に行けば。面倒くさい先輩がいなくなってよかったな」と思っているくらいでした。

でも、1年して帰国した先輩は、ものわかりがいい、人格者に変わっていたんです。

「先輩、何かあったんですか?」と聞くと、

「本田なぁ、360度地平線の世界って知ってるか? 風がやむと、さえぎるものがないから、音がしない世界が広がるんだ。日本にいたら絶対信じられない世界だぞ!」

その言葉を聞いたとき、僕はすごくテンションが上がって、子どもみたいにはしゃいだ気持ちになりました。なぜかわかりませんが、ゾクゾクして「やっべー! これ、や

るしかないな！」と思ったんです。

僕がみなさんにお伝えしたいのは、「やりたい！」と思えることを見つけたら、誰が反対しようとやったほうがいいということ。どちらを選ぶか迷ったときは「自分がはしゃいだ気持ち」になれるほうを選ぶ。そんな気持ちになったときが、運命の扉が開きかかっている合図です。

僕は、オーストラリア大陸を自転車で1周しよう、と決意しました。なぜ自転車だったのかというと、もともとチャリが好きだったのが一つ、もう一つは、車やバイクで横断した人はたくさんいるけれど、自転車なら希少価値だから、人に自慢できると思ったからです。

「よーし、ここはひとつ、何か人に自慢できるような、どデカいことをやってやるぜ！」

一発逆転をねらうところが、いかにも劣等感でいっぱいの僕が考えそうなことです。

とにかく、先輩に刺激を受けた21歳の僕は意気揚々とオーストラリアに旅立ったのです。

人生の目的は笑う時間を長くすること

ところがどっこい、行ってみると、オーストラリア大陸は広かった！

端から端まで行くのに55日間もかかって、とてもじゃありませんが、自転車で1周する根性なんて僕にはありませんでした。


見事に挫折して帰国した僕ですが、失敗したとはいえ、オーストラリアで見たこと、聞いたこと、出会った人たちなどから影響を受けて、前より成長したのはたしかです。

そこから僕の強烈な「幸せ探し」が始まります。とにかく僕はお金がたくさんあって、幸せで、笑いながら、好きなことだけして暮らせる人生が送りたかった。

なぜって、オーストラリアで旅している最中、豊かで幸せで好きなことだけして暮らしている、うらやましい人たちにたくさん出会ったからです。

たとえば僕と同じように貧乏バックパッカーの青年が、見たこともない色のクレジットカードを出して支払っていたこともありました。彼は自分で事業を立ち上げ、成功させたアメリカの富豪でした。

あるいは、町から100キロも離れた場所で車がエンストを起こして止まってしまったとき、ケラケラ笑っているイタリア人の女の子にも出会いました。

「だって私たちは楽しむためにこの人生を生きてるんでしょ？　なんでコーイチはそんな深刻な顔してるの。バッカみたい」

その夜、僕は自分の手帳に、記念すべき、人生の目的となる大切な言葉を書き記しました。

「俺の人生の目的は、笑う時間を長くすること」

これは、いまでも僕の生きる指針となっている言葉です。

帰国してしばらくは父の会社の建て直しに追われましたが、幸いなことに業績はみるみる回復し、20代後半で僕は大きな富を築きました。

僕が頑張れたのは、家に借金があったから。そして両親にラクをさせたかったからです。オーストラリアで見た仲がいい老夫婦たちのように、手をつないで旅をする、そんな人生を両親に送ってほしかったし、自分自身もそうなりたかった。

その強烈な動機が僕を頑張らせたんですが、いざ、借金を返し終わり、両親にラクをしてもらえるようになると、僕は目標を失いました。

ほしかったクルーザーを買い、お台場までクルージングして船を停めたとき、お台場の風景がまるでグレーに見えたのをリアルに思い出します。砂浜を歩いている中学生のカップルのほうが、僕よりずっと幸せそうに見えたほどです。

「このまま一発屋の金持ちで終わりたくない。オーストラリアで出会ったような、本当に好きなことだけして、豊かで幸せな生活を送っている人になって、笑って人生を送るにはどうしたらいいんだろう……」

それから僕は夢をかなえる方法について猛烈に勉強を始めました。30代の約10年間、僕は日本中の幸せなお金持ちやメンターと言われる人たちの講演会やセミナーにもぐり込み、すきあれば仲よくなって、教えを請うようになったのです。

中でも日本一の投資家と言われる竹田和平さんにはとてもかわいがっていただきました。僕は和平さんに弟子入りし、和平さんの考え方、ふるまい、言葉などを徹底的に学びました。ほかにも北原照久さん、本田健さん、神田昌典さん、心屋仁之助さん……いろいろな方から教えを受けました。

そして気がついたのです。

世の中には、ラクして、楽しみながら、夢をかなえて幸せになれる方法があるのだと。

この本には、僕が何年間にもわたってすごい先輩たちから聞き集めた夢をかなえるノウハウを書きました。

ふつうの人でも、ゼロから（いやマイナスからでも）出発して、豊かで幸せに夢をか

なえることができます。なぜならこの道は、イケてない劣等感のかたまりだった僕が通ってきたプロセスそのものだからです。

僕はこの僕自身で実証済みのとっておきのノウハウをみなさんとシェアしたい。なぜならシェアすればシェアするほど、僕の幸せもみなさんの幸せも増えていくから。

小学校の教科書にのってた芥川龍之介の『蜘蛛の糸』っていう小説、覚えてますか？僕もうろ覚えなんですけど、天国からお釈迦さまが地獄に蜘蛛の糸をたらすんです。地獄では、たくさんの悪人、罪人たちがひどい目に遭っているんですが、みんなが蜘蛛の糸を見つけて、われ先にと登っていくんですね。

いちばん最初に蜘蛛の糸を登り始めた男は、自分だけが蜘蛛の糸を独り占めしようとして、あとから来る人たちを蹴落とそうとします。

「おまえら、登ってくるな。糸が切れるじゃないか」と。

そして彼がそう叫んだとたん、蜘蛛の糸が切れて、全員地獄に真っ逆さま。物語はそこで終わります。

その物語を読んだとき、僕はこう思ったんです。

「みんなで登りゃ、よくね？」って。

たぶん、お釈迦さまがたらしたのは、みんなで登れば切れない蜘蛛の糸だったんじゃないでしょうか。

だってお釈迦さまですからね。

幸せはわけあっても減りません。みんなでシェアすれば、その分だけ幸せが増える。シェアした人もされた人も幸せが増えて、世の中の「幸せの総量」が増すんです。

この本を読んでくれたみなさんが幸せになって、ラクして、はしゃぎながら夢をかなえてくれれば僕は、とてもうれしいです。

Contents

はしゃぎながら夢をかなえる世界一簡単な法

1 Chapter 鳥肌は夢の扉を開ける第一歩

うまくいくマインドセット

Chapter 2

運も幸せもみんな「人」がつれてくる

自分ファーストで誰とでもつながれる方法

Chapter 3 カッコよく使えば、お金はどんどん入ってくる

お金との上手な付き合い方

Chapter 4 胴上げしてもらえば、ワープスピードでうまくいく

仕事で夢をかなえる方法

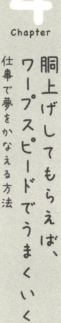

1

Chapter

鳥肌は夢の扉を開ける第一歩

うまくいくマインドセット

01

セルフイメージを高めることが夢をかなえる最初の鍵

〝あさって〟の方向に進むのはＮＧ

最初にマインドセットについてお話しします。というのも、ここを間違えると、夢をかなえるどころか、全然関係がない〝あさって〟の方角へ向かってしまうからです。
なので、最初の法則をちょっと詳しく説明させてください。

夢をかなえたいなら、まず大切なのは心構え、マインドセットです。
それはたったひと言であらわせます。
つまり「楽しく」。
出発点は「楽しさ」。そしてゴールも「楽しさ」。

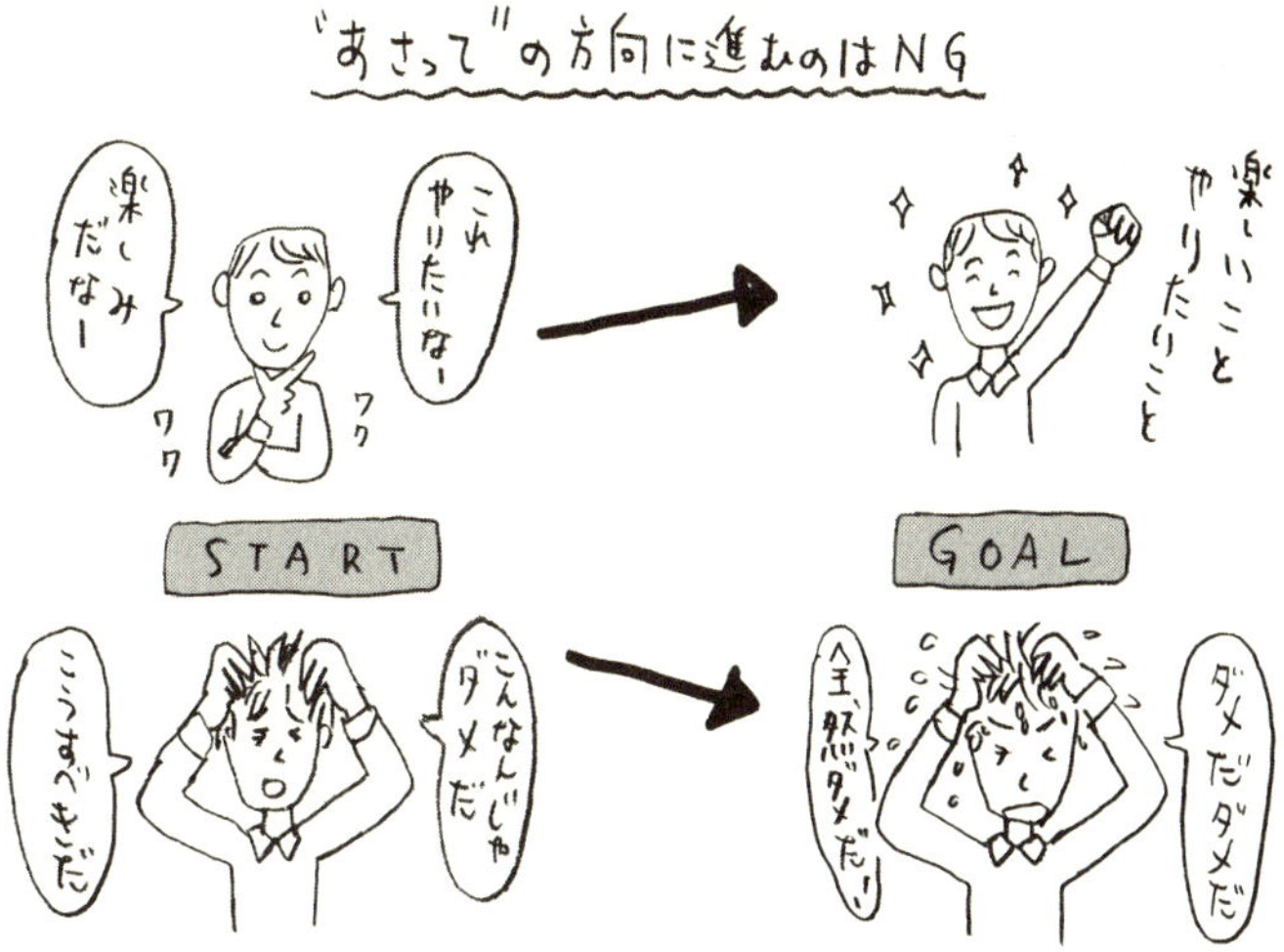

ワクワクして、「これ、やりたいな〜」と思って、そっちの方向に向かってスタートするから、「やりたかったこと」「楽しさ」に行き着くのであって、「こんなんじゃダメだ」「こうすべきだ」「まだ足りない」と自分にムチ打って進んでも、たどりつくのは、「こんなんじゃダメだ」「まだ足りない」という世界です。

最初から進む方向が間違っているんですよね。

もちろん、夢をかなえる人の中には、苦労に苦労を重ねて、夢にたどりつく人もいます。

でも、山の頂上にたどりつくのに、断崖絶壁をひいひい言いながら登ってもいいし、お

花畑を見ながら、ラクして登ってもいい。

頂上にいたる道にはいろいろあって、どれを選ぶかは本当は自由なんです。人は自分が選びたい道を選んでいるだけ。どんなかたちであれ、自分が選んだ通りの人生を歩いているだけなんですよね。

たとえばいま、あなたがやりたくない仕事をしていたとしても、それを選んだのはあなた自身です。

「親にすすめられたから」「それしかなかったから」「それをしないと生活できないから」とか、いろいろ理由はつくかもしれませんが、ほかの仕事につく選択肢もあったのに、その仕事に決めたのはあなた自身だと思います。

だって、その仕事につかなければ、即座に殺される、というわけではなかったでしょう？　その仕事につかない、という選択肢もあったんです。

だけど「それをやる」と決めたのはあなたなんじゃないでしょうか。

で、ここからが僕がお伝えしたいことなんですが、あなたにそう判断させたのは、あ

なたが持っているセルフイメージなんです。

人は、自分で自分のことをどう思っているかで、選択肢を決めているんですね。

たとえば自分で自分のことを「もっと頑張らなきゃダメだ」「まだ足りない」と思っていると、そういうものを選択するし、人生もそういうものになります。

自分のことを「大好きだ」「もっと楽しくなっていい」「ラクして夢をかなえていい」と思っていると、人生もだんだんとそういうものになります。

どっちの人生が正しくて、どっちの人生が悪い、というわけではありません。どっちを選んでもいいんです。選ぶのは自分ですから。

ちなみに僕は、楽しくて楽チンなほうを選びます。そのほうが楽しそうだし、苦労しなくてすむから。その結果、いまは楽しくて、楽チンな人生を送れていると思っています。

きっとほとんどの人は楽しくて、楽チンで、幸せな人生を送りたいんじゃないでしょうか。だったら簡単です。そっちを選べばいいんです。

セルフイメージが高いほうが実現できるものが増える

「でも、そんなにうまいこと行くはずがない」と、いまあなたは思ったかもしれませんね。

それがあなたのセルフイメージなんです。

つまり、「私は楽チンにうまいこと夢をかなえてはいけないんだ。そんなに簡単に夢がかなう人生なんて、どうせ手に入らないんだ」ということ。

人はみな、自分のセルフイメージ通りの人生を送っています。いまのあなたはセルフ

イメージ通りのあなたなんですね。

で、もし「こんな人生送りたくない」「もっとラクに夢をかなえたい」と思っているのなら、いまのセルフイメージを書き換えないといけないんです。だってあなたのセルフイメージ＝いまのあなたの人生、ですからね。

本当はどんな自分になりたいのか。どんな人生を送りたいのか。どうなっている自分がいちばん幸せなのか。その自分像をしっかり自分に落としこんでほしいんです。

そしてぶっちゃけて言いますけど、みんなラクして夢がかなったら、いちばんいいと思っているんじゃないですか？

断崖絶壁をひいひい言いながら登ったり、ムチでビシビシ打たれながら汗水たらす働き方でしか夢をかなえたくない、なんていう〝超ドＭ〟の人を除けば、みんなラクして、楽しんで、豊かに幸せに暮らしながら、夢がかなうのがいちばんいいんじゃないでしょうか。

だとしたら、それを素直に認めましょうよ。そしてそうなりたいなら、セルフイメージは高いほうが簡単にうまくいきます。

だって**「ラクに幸せになっていい人間なんだ」という人と「簡単に幸せになってはいけない人間なんだ」という人なら、断然、前者のほうが早く幸せになれますから。**

僕が弟子入りさせていただいた竹田和平さんという方は、100社以上の上場企業の大株主で、別名〝日本のウォーレン・バフェット〟とも呼ばれているお金持ちの投資家です。

残念ながら、和平さんは去年亡くなられてしまいましたが、僕は和平さんと500泊くらいともにして、マンツーマンでいろいろなことを教わりました。

この和平さんのセルフイメージがめちゃくちゃ高いんです。とにかく和平さんは「みんなが自分のことを好きになる」と信じ込んでいて、それが彼自身のゆるぎのないセルフイメージになっていました。

あるとき和平さんが珍しく深刻な顔をされていました。どうしたのか、と思って聞いてみると、悩んでいたのは明日行われる講演会についてでした。

「こーちゃん（僕はこう呼ばれてました）、翌日講演会があってゲストとして少し話してほしいと言われたがね。でもわしが出たら、みんなわしを好きになってしまって、主催者に申し訳ないがね」

和平さんは真顔でこんなことをおっしゃるんです（笑）。

どんだけ高いセルフイメージなんだ！　と思います。でも、こんなふうに生きていたら、人生、たいていのことはうまくいきそうな気がしませんか？

セルフイメージは高く持っても、低く持ってもその人の自由ですが、セルフイメージが高いほうが、実現できるものが増えるのはたしかです。

いつも笑顔で、周囲に幸せをふりまいていた〝花咲か爺さん〟のような和平さんを思い出すと、この人こそ、何でも夢がかなう幸せな人生を送った人だと思います。

うまくいくコツは、「ある」にフォーカスすること

セルフイメージを高めて夢をかなえるときに、とても大切なことが、「ない」にフォーカスするんじゃなくて「ある」にフォーカスする、ということ。

たとえばいま、あなたが「お金持ちになりたい！」という大きな夢を持っていたとします。

その裏にあるあなたのセルフイメージは、実は、「いまはそんなにお金がない……」だったりします。

僕も含めて多くの人は、大きな夢を持つほど、現実との落差にがっかりしてしまって、「自分は持っていない」と凹んでしまいがち。

そして、この「凹んでいる自分」にフォーカスすると、どんどんその「凹み」は深くなってしまいます。意識したものが、どんどん大きくなっていくものなんです。

感情を木と捉えると、意識は、その成長源になる水や栄養みたいなもの。

「ない」に意識を注ぐと、「ない」前提で夢がかない、「ある」に意識を注ぐと、「ある」前提で夢がかなうんですよね。

たとえば僕は、父の会社が大きな借金を抱えていたんですけど、先ほどお話ししした「オーストラリア横断の旅」から帰国したとき、その現実にあまり悲壮感がありませんでした。

旅の途中では砂漠やジャングルでテント生活でしたから、日本に帰ってきて、自分の部屋で寝泊まりできるっていうことだけで幸せを感じていました。これはなぜかというと、「ある」という幸せな気持ちで満たされていたからです。

夢がかなわないときって、こんなふうに現実に持ってるもの、満たされているもの、「あるもの」を意識してないときなんです。渇望感とか欠乏感に支配されているんです。すると、「ない」前提で世界が作られてしまいます。

僕が世界中を旅して感じたことは、「日本って超恵まれてる！」っていうことです。

- **財布を落としても、知らない誰かが交番に届けてくれる**
- **飲めるくらいきれいな水がトイレを流れている**
- **地下鉄で強盗を気にせず寝てる人が多い**

全然違う世界から帰国したら、こんな「日本にいれば当たり前」のことにいちいち感動していました。

そのあと僕がうまくいった理由は、この感動が増幅して周りに伝わり、共感を呼んだからだったんだな、って、あとになって理解できたんです。
夢をかなえるためには、まず「ある」という前提を元に考える。これ、とっても大切です。

楽しい気持ちからスタートすると、
楽しく夢にアクセスできる。

セルフイメージを
ポジティブに書き換えると、うまくいく。

「ない」前提で考えると「ない」前提で世界が作られ、
「ある」前提だと「ある」前提で世界が作られる。

02

「高めて何をしたいか」にフォーカスする

いつもイケてない人と付き合ってしまうのはなぜ？

だからいまの人生を変えて、ラクにはしゃぎながら夢がかなう人生を送りたいなら、できるだけ高いセルフイメージを持ったほうがいいのです。

なぜなら自分で自分に対する扱い、つまりセルフイメージが、社会が自分に対する扱いとストレートに連動するからです。

たとえば、かつての僕みたいに、「自分なんて、地味だし、社交的じゃない。どうせ自分と同じようなイケてない人としか付き合えないに決まってる……」と思っている人がいたとします。すると、現実はその通りになってしまうんですね。

ちなみに、僕が「お金持ちになりたい！」と思ったのは、ズバリ「モテなかった」から（笑）。コンプレックスが強いと、掲げる夢も規格外にデカかったりします。

自分で自分にどんな扱いをするか（セルフイメージ）＝社会が自分に対する扱い、と覚えておきましょう。

少し話が脱線しますが、僕の奥さんって、自分で言うのも照れるんですけど、本当にいい奥さんなんです。

そんな彼女のお父さんは、僕と背格好がほとんど一緒で、おまけに名前も一緒！　お父さんと仲のいい女の人は、将来の旦那さんもお父さんみたいな人と一緒になるっていうじゃないですか。まさにそれ。

この人と一緒になれるって、かつての僕が知っていたら、コンプレックスなんて持たずにすんだんですけどね（笑）。


さて、話を元に戻しましょう。

ここで、みなさんに注意してほしいことがあります。

自分のセルフイメージを高めようとするときに、誰もがひっかかってしまうワナがあるんです。セルフイメージを高めようと思うのはいいんですが、思えば思うほど、「いま

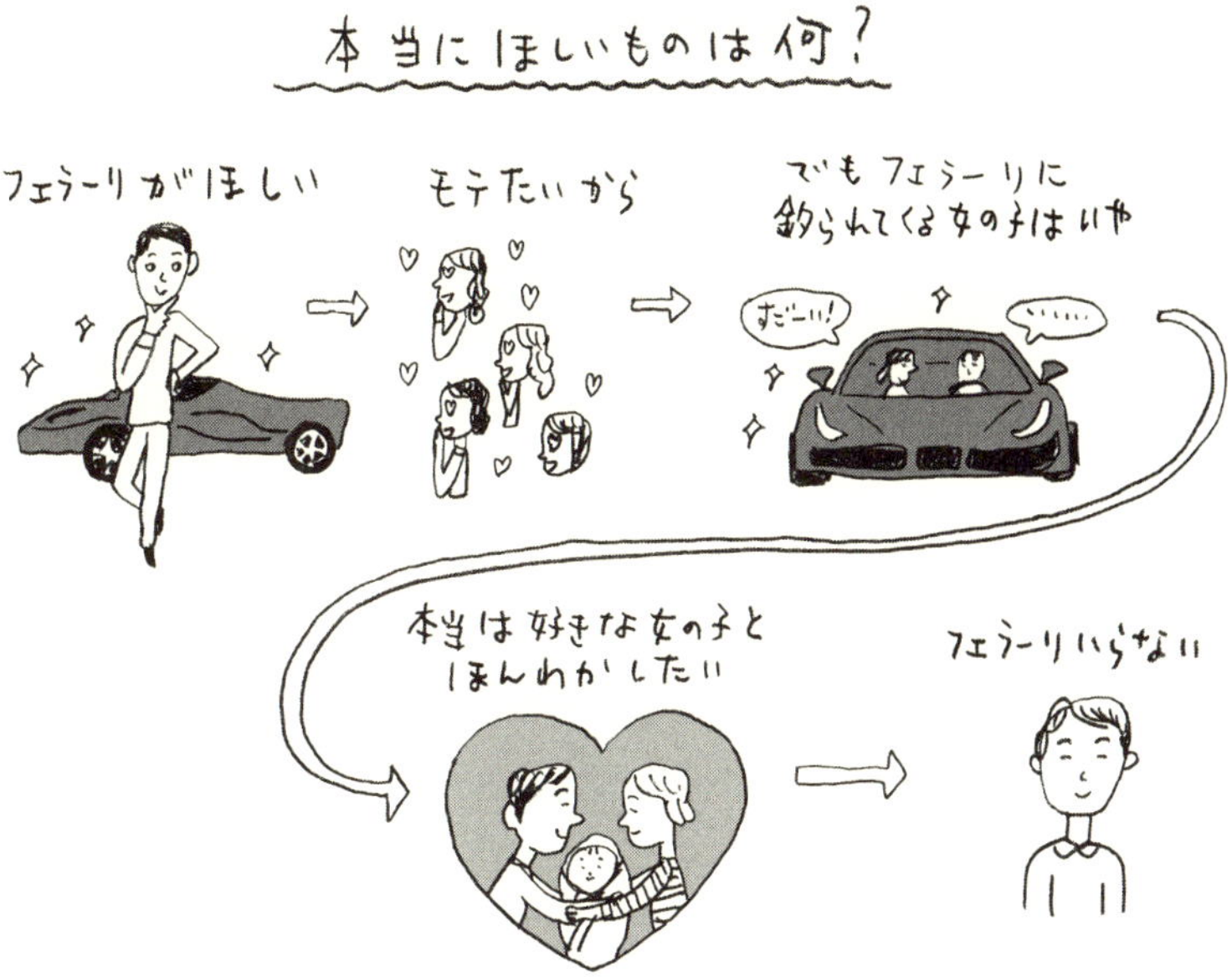

の自分はセルフイメージが低い」と宣言しているのと同じになってしまうことです。

つまり「セルフイメージを高めたい」＝「いまは低くてイケてない存在だ」と思っている。この感覚を持ったままだと、何かやろうとしても苦しくて、つらいばかりなんです。

もともとセルフイメージが低い人が「セルフイメージを高めることを目的とする」と、いま言ったようにつらくなってしまう。

なので、**セルフイメージが低い人は「セルフイメージを高める」のではなく、「高めて何をしたいのか?」「何を感じたいのか?」にフォーカスしたほうがいいと思い**

ます。

僕は27～28歳のとき、フェラーリに乗ってブイブイ言わせたいな、という〝チャラ男〟っぽいことを考えていました。

でも自分の気持ちをよくよく考えてみたら、フェラーリに乗ることが目的ではなくて、女の子にモテたいんだ、ということがわかってきました。

そしてもっと考えてみると、「フェラーリに釣られてついてくるような軽い女の子はいやだな」と思ったのです。ということは、僕がほしいのはフェラーリじゃありません。つまり、僕はフェラーリがなくても、自分を好きになってくれる女の子と幸せを感じたいんだ、と気がついたんです。

「な～んだ。だったらフェラーリなんかなくてもいいじゃん！」と思ったわけです。

僕の本当の夢はフェラーリではなく、女の子とほんわかした幸せを感じること。求めていたのは「女の子といる幸せ」です。

ですから**セルフイメージを高めることは目的ではありません。「自分が何を求めているのか」「何を感じたいのか」**をはっきりさせることが大切なんです。

その「やりたいこと」は本当か、自分に聞いてみる

セルフイメージは高いほうがいい。でもそれを高めるのが目的ではなくて、「自分は本当は何をやりたいのか」がちゃんとわかることが大切です。「やりたいこと」「求めていること」がわかれば、それに向けて迷わず進むことができます。

でも、もうひとつ**気をつけないといけないのは、人は平気で自分にうそをつくということ。**

本当はこういうことをやりたいのに、嫉妬とか〝すね〟とか変なプライドとか、いろんな感情が邪魔をして、本当の夢が見えなくなってしまうことがあります。「それは違う」というのをむきになってやってしまうんですよね。

僕にもこんな経験があります。

20代の終わりごろでした。父の会社の建て直しに成功して、けっこうお金ももうかり、そのノウハウを提供して、企業のコンサルタントをやり始めたころです。

取引先のひとつに、「エグゼクティブってこんな感じ！」みたいなカッコいい人ばか

りいる会社があったんです。みんなブランドスーツでビシッと決めて、メタルフレームのメガネをキリリとかけて、いかにも超デキそうな雰囲気です。

「やっべー！　俺もこうなりたい！」と思って、本当は僕は視力が2・0なんですけど、速攻で伊達メガネをかけました。

ブランドスーツも買ってきて、必要もないのに両手に、それぞれサイズが違うノートパソコンを持ってみたんです。見るからに超デキるコンサルタントという感じです。

でも、内心なんだか居心地の悪さを感じている自分がいました。本心ではきっとそんな自分に納得していなかったんだと思います。

自分が本当にやりたかったことにうそをつき、本心を隠していたんですね。

その結果、どうなったか。

自分が望んでいるのとは違う人生が出現してしまいました。あるときバックパッカー仲間から電話がかかってきました。

「本田くん、週末、ひま？」

「な、わけないだろ。仕事だよ」

「そんなに仕事してどうすんの？」

「たくさん稼いでアーリーリタイヤして、また世界中を旅したいんだよ」

「旅して何するわけ？」

「いろんな国のやつと知り合って、楽しく騒いだり、語り合ったりしたいんだよね」

「なら、週末どう？　俺んちでバーベキューするんだよ。いろんな国のやつが来るから楽しいよ。その誘いだったんだけど」

「バカ言え。おまえみたいに遊んでばかりいられないんだよ」

　そう言って電話を切ったんですが、切ってから「あれ？」と思いました。俺、何か間違ってる？　本当は自分も週末バーベキューをしたかったんじゃないかって。

　そのあとしばらくして、そいつから「結婚しました！」というハガキが届きました。「貯金が2万5000円しかありません。ご祝儀、よろしく！」と書いてあって、僕は結婚するには1億円くらい蓄えがないとダメだ、と思い込んでたのでびっくりしてしまいました。というのも、奥さんに家計の心配をさせないためには、それくらいたっぷりの貯金が必要だって思ったから。

そんなふうに思っていた僕は、「ふざけんな、こいつ！　ありえねー！」とイライラしました。

でも、本当はそいつがうらやましかったんです。僕も週末、バーベキューがしたかった。貯金2万5000円でも、楽しく笑って結婚がしたかった。

それが僕にとって本当にはしゃげること、なりたい自分の夢だったのに、伊達メガネをかけて、ノートパソコンを両手に持って、柄でもないエグゼクティブを気取るその自分をイメージしてしまった。そのために、望まない人生を歩いていたんです。

それが僕をイライラさせ、不機嫌で、不幸な人間にした要因でした。

夢中になると幸せがスパークする

「本当はどうしたいの？」という本心をつかまえるには、さっきも言ったみたいに「そうなって、何を感じたいのか」にフォーカスすることが大事です。

フェラーリがほしいと思っていた僕が本当にほしかったのは、僕を好きでいてくれる女の子と幸せを感じることでした。

コンサルタントとして働いていたころの僕がほしかったのは、一流のビジネスパーソンになることではなく、バーベキューをしながら、みんなと楽しむことでした。旅をたくさんして人生を謳歌してる作家のロバート・ハリスさんは「なりたい自分を想像したら、心の底から震えた」と言っています。そんな「やりたい！」「ほしい！」「そうなりたい！」というはしゃぎモードに入れるようなことが、自分の本心です。

そして本心がわかれば、それをやっちゃおうぜ！　ということ。思ってすぐに動けば、ワープスピードで夢が向こうからやってきます。

「はしゃいだ気持ちになれる」ものが、自分にとって本当にやりたいこと。

03

「最低な自分、最高！」でうまくいく

自分にOKを出すと不思議な力学がスタートする

セルフイメージが大切なのは、自分の自分に対する扱い＝社会から受ける自分への扱い、だからなんですよね。

自分で自分を「こんなもんだ」と思えば周りからも「こんなもんだ」という扱いしか受けません。成功して、認められたいなら、まず自分で自分を認めることが大事です。

要するに、どこまで自分自身にＯＫを出すのかということ。

よく見るのは、「ステキな自分」なら受け入れられるけれど、「ダメな自分」は受け入れられないという人。僕自身もかつてはそうでした。こんなふうに自分の半分にしかＯＫが出ていない状況だと、社会からも自分の半分しか認めてもらえません。

社会からちゃんと認められたいなら、自分のこともちゃんと自分で認めないとダメなんだ、ということがわかりますよね。

先ほどお話ししたように、僕は20歳くらいのとき、劣等感のかたまりでした。なので、誇れる自分がほしいと思って、チャリンコでオーストラリア1周に旅立つわけですが、オーストラリアがあまりに広すぎて、途中で挫折し、車を買ってしまいます。もし、チャリで1周できたら、「自分超LOVE」になれたでしょう。でも、「俺、また挫折しちゃったよ」みたいなモヤモヤを味わって、あいかわらず劣等感を抱えながら、旅をしていたんですね。

で、あるとき酒場で飲んでいると、「この中でいちばん面白い失敗談を話したやつにビールをおごる」というゲームで盛り上がっていました。

僕の順番が来る前までで、いちばん面白い話をしたのは「ミスター59」という男でした。彼がなぜ「59」なのかというと、牛に「59」の焼き印を入れようとしたら、蹴られて自分の太股に焼き印が刻印されてしまったからだとか。

彼が太股に刻印された「59」の跡を見せると、みんな大爆笑です。

「ジャパニーズ、おまえも何かネタないのか？」と言われた僕はこんな話をしました。

「俺、島国から来てて、オーストラリアも島国だと思ったから、チャリで1周しようと思ったんだよね。でも、横断するのに55日もかかっちゃって、オーストラリアって島じゃないじゃん、大陸だってやっと気づいて、さっき車買ったんだ。ちなみに俺の名前はＨＯＮＤＡ」

そしたら、ドッカーンと大ウケです。

「今日はおまえがチャンピオンだ！」とみんなからビールをおごってもらえて、そのとき初めて「失敗した自分LOVE」になれたんです。

それまでは「オーストラリア大陸を1周できたすごい自分」ならＯＫでしたが、「挫折した自分」はＮＧでした。でもみんなは、失敗した自分に笑ってくれたんです。

そのとき僕の中で変化が生まれました。「あれ？　失敗した自分、いいかも！」。そう思えた瞬間、「失敗した自分」にもＯＫが出たんです。


ダメな自分でもＯＫ、失敗した自分でも愛される、とわかると、失敗がこわくなくなります。失敗したり、ダメな自分をさらしても、「もっと愛されちゃうよ、イェーイ！」

みたいな不思議な力学がスタートするので、どんどん挑戦できるんですね。

なので、「うまくいっている自分」「ステキな自分」だけじゃなくて、「失敗した自分」「ダメな自分」も受け入れると、チャンスが広がって、夢にどんどん近づいていきます。

自分を受け入れるコツは「もう一人の自分」

「失敗した自分」「ダメな自分」はなかなか受け入れられないものですが、僕がやったみたいに、失敗談を人に話すとウケたりします。

失敗って、自分が思ってるほど悲惨じゃなくて、人に話して笑い話にしてしまうと、自分も一緒に笑えて、ダメな自分をふわっと許せるんです。

そして自分でそれが許せたら、社会も許してくれる。不思議ですよね。

ちなみに、「ダメな自分」にOKを出す別の方法もあります。それは自分にダメ出しをするもう一人の自分の性格を変えてしまうこと。

「ダメな自分」を意識するのは、自分の中のもう一人の自分が「そんなんじゃダメだ！」

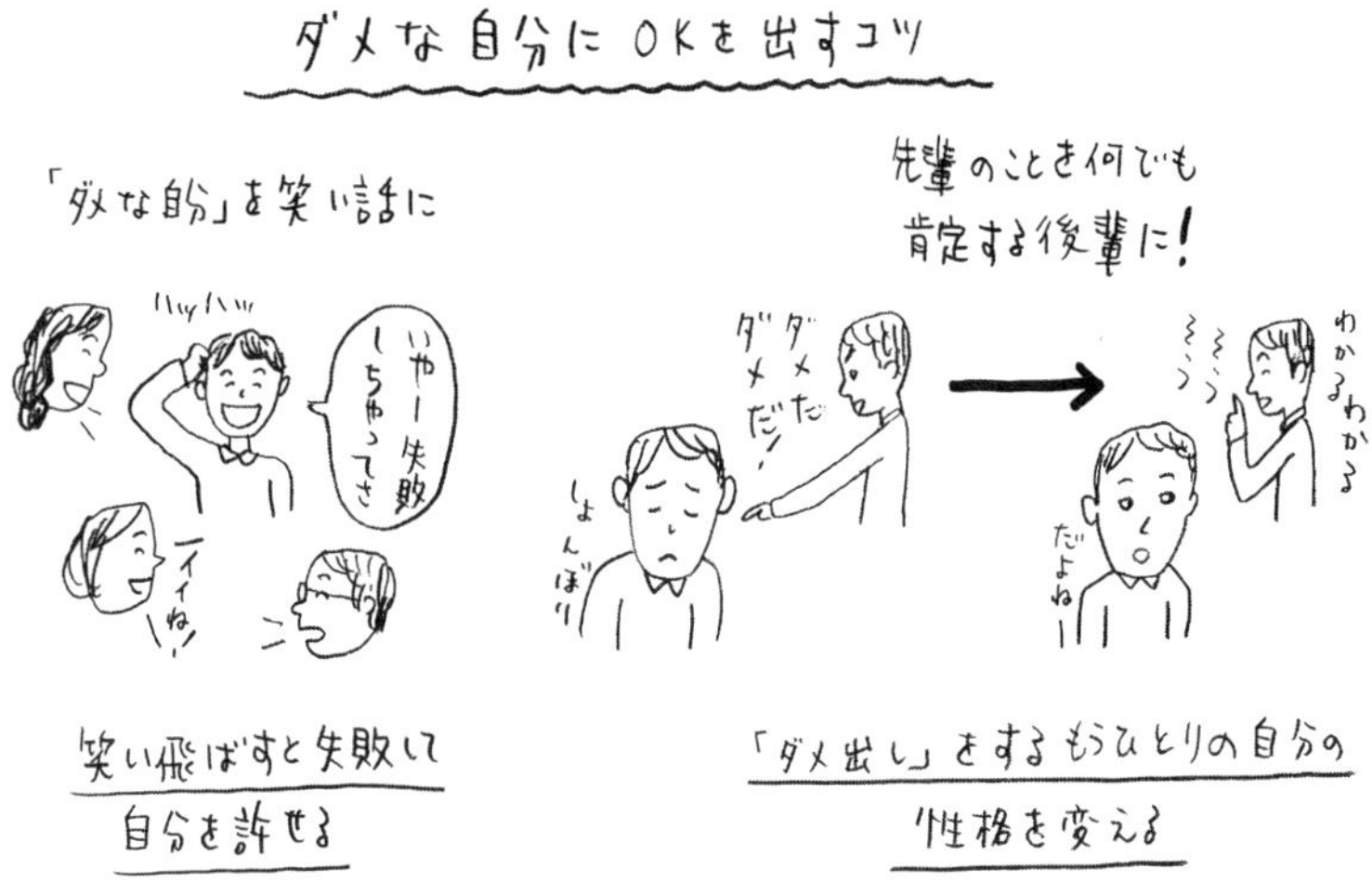
ダメな自分にOKを出すコツ
「ダメな自分」を笑い話に
ハッハッ
いやー失敗しちゃってさ
イイね！
笑い飛ばすと失敗して自分を許せる
先輩のことを何でも肯定する後輩に！
ダメだダメだ！
しょんぼり
わかるわかる
だよね
「ダメ出し」をするもうひとりの自分の性格を変える

「何やってるんだ！」とダメ出しするからです。

その「厳しい自分」の性格を変えて、「全肯定してくれる自分」に変えてしまうんですね。たとえば先輩のすべてを肯定するヤンキーの後輩みたいなイメージとか。

失敗したとき、「厳しい自分」ではなくて、後輩を登場させてみます。

「先輩、いまのは超難しいですよ。でもそれに挑む先輩はすごいですね！」

と、ヨイショする後輩がいれば、「ダメな自分」にもOKを出しやすくなります。あるいは「わかる〜。わかる〜」とよりそってくれる友達でもいいでしょう。

どんな自分でも、同じ方向を向いてよりそってくれる、もう一人の自分像を作ってしまうと、否

定するくせから抜けられます。

これは習慣化することがとても大切なので、「厳しい自分」があらわれそうになるたびに、「肯定してくれる自分」をくり返し登場させてみるのがおすすめです。

「ダメな自分も最高！」と決めたもの勝ち

「ダメな自分」を受け入れる、ということに関しては、心理カウンセラーの心屋仁之助さんも同じことをおっしゃっています。

4年前に初めてお会いしたとき、初対面なのに6時間ぶっ通しで話しちゃいました。テレビに心屋さんが出演しているのを見て以来、「この人、面白いな。お近づきになりたいな～」とずっと思っていて、ツテをたどってとうとう紹介してもらうことができたんですが、印象に残っているのは、心屋さんのこんな言葉です。

「人は頑張って努力を積み重ねたものを認めてもらおうとするよね。でも積み重ねたものは崩れるから、崩れたとき自分を認める根拠もなくなってしまうんだよ。じゃあ、どうするのかというと、ダメな自分を最高！　ということに決めてしまうんだ。そのままの自分を最高！　と決めてしまえば、絶対に崩れないよ」

要するに、自分はダメだから頑張る。頑張って認めてもらおうとする。でも上には上がいるから、いつまでも理想にたどりつけなくて、苦しくなる、ということです。

そうすると、僕たちは「こんなんじゃダメだ。もっと頑張れ！」と自分にムチ打ってしまう。そうやって頑張っても、頑張ったことは何かの拍子で簡単に崩れます。頑張って勉強しても、大学に落ちてしまう。一生懸命仕事をしても認められない。

頑張っても望んだ結果が得られるとは限りません。するとそれまでの頑張りが大きいほど、自信をなくしてしまいます。その道を進んでも、僕らが願う成功はないんです。

じゃあどうするのかというと、**最初から頑張らない。頑張らなくても、自分はすごいと決めてしまえ**、と心屋さんは言うのです。

「これは理屈じゃないんだよ、こーちゃん。ダメな自分を最高にするの。そういうことに決めるの。そしたら、豊かなものが向こうからどんどんやってくるんだよ」

心屋さんは「自分、最高！」と決めたとたん、テレビの仕事や本を出版するという夢のような話が、勝手にどんどん舞い込んできたそうです。

僕自身の経験を照らし合わせても、たしかに「失敗した自分LOVE」「最低な自分最高」にした瞬間からツキが回ってくるようになった気がします。

オーストラリアの酒場で「失敗した自分LOVE」にスイッチが切り替わって日本に戻ってきたんですが、親父の会社が数億の借金を抱えていて、かなりきつい状況でした。以前の劣等感のかたまりだった僕だったら、「あ〜、もうダメだ……」と白旗を上げていたと思います。でも僕は「失敗した自分LOVE」に変身していたので、ダメな自分やダメな状況にフォーカスしていなかったんですね。そうしているうちに、くよくよしたりすることに時間をかけずに、ネットでゴルフ会員権を売買する仕組みを作って、すぐに売上を伸ばしました。セルフイメージって本当に大切ですね。

人は長所で尊敬され、短所で愛される

セルフイメージを高めるには、「いまの自分じゃダメだ」から出発しないこと。いまの自分を否定して、違う自分になろうとすると、苦しくて、うまくいかないんです。

それより「いまの自分っていいじゃない、最高じゃない！」ってことにすると、なぜ

か社会も認めてくれて、どんどんツキが回ってきます。

ちなみに、僕が憧れる「はしゃぎながら夢をかなえて、うまくいっている人たち」はダメな部分をたくさん見せられる人たちです。たとえば僕が尊敬するベストセラー作家のひすいこたろうさんから、とてもいいキーワードを教えてもらいました。それは、

「人は長所で尊敬され、短所で愛される」

というもの。ひすいこたろうさんは、ベストセラー作家ですが、そのひすいさんは講演をやるとき、ものすごくあたふたされるんです。

「僕、人前に出るのが苦手で」とか言いながら、しょっちゅうかみます。

でもその姿ってすごく魅力的ですね。ひすいさんのファンのネットワークがあって、ひすいさんがかむたびに、「いま、かんだ!」とメールが飛ぶらしいのです。それを読んだファンの方が「ああ、今日の講演会行けばよかった!」と返事が来るとか。

このやりとりに衝撃を受けた僕は、ひすいさんに詳しく聞いてみました。そうしたら、ひすいさんはこう言ったんです。

「僕だって、カッコ悪いところは見せたくないし、できるだけ隠してたんですが、カッコ悪いところを見せると、読者さんがむしろ喜んでくれることがわかりました。

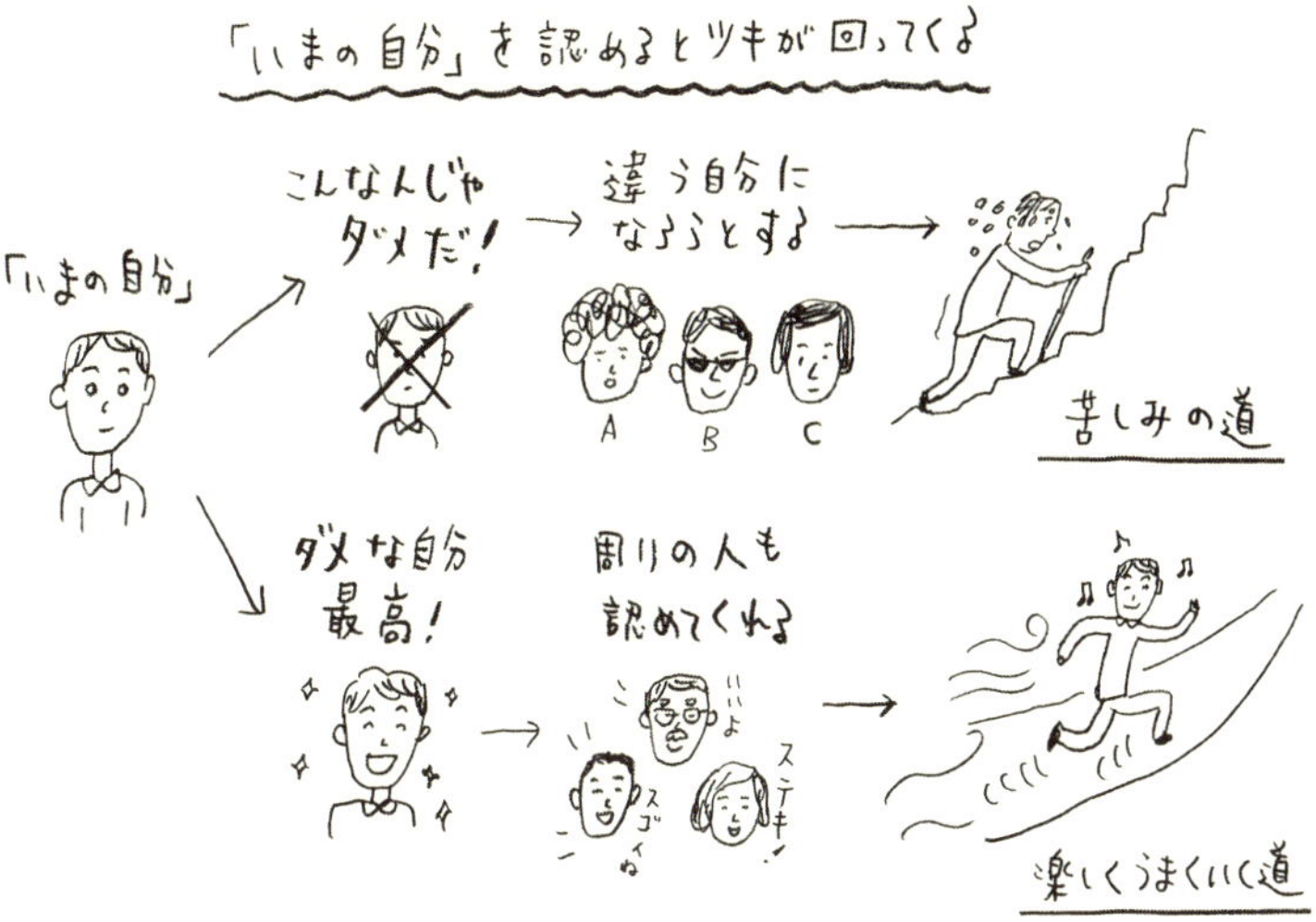

そうか、人は長所で尊敬されて、短所で愛されるんだって気づいたんです。

欠点は欠点ではなくて、自分に欠かせない点だったんです」

僕は、その言葉にまたまた衝撃を受けました。

もちろん欠点を出すと嫌がる人もいます。「ダメな自分」を出すと、「ふん」とバカにしたり、「あっちへ行け!」と嫌うんです。そういう人からは、むしろ早く嫌ってもらったほうがいいでしょう。一緒にいても、あまり楽しくありませんから。

もっと言うと、**そういう人は、「ダメな自分」を出すあなたに、自分自身を見ている**んですね。自分にも同じような「ダメな部分」があるのに、それを認めたくないから、「ダメなあなた」を見ることを、否定したがるんです。

でも、それは自分自身の否定そのものなので、幸せにはなれないし、夢もかなわない。どうなりたいかはその人の自由なので、夢をかなえたいあなたは、そういう人から少し距離をとればいいんです。それどころか、そういう人から早く嫌われちゃえば勝手に距離をとってくれるので、もっとラクに楽しく幸せに、あなたの人生を生きられるかと思います。

笑い話に昇華すると、「ダメな自分」にＯＫを出せる。

どんな状態の自分でも最高と思えるようになると、ツキが回ってくる。

04 自分をねぎらってあげる練習をする

貧乏な人ほど自分に塩対応をする

周りの人たちや社会に対して厳しい人っていますよね。実は、そういう人って自分をねぎらっていないだけなんです。

自分をねぎらうと周りもねぎらうようになるので、人から好かれます。するとそれが自分にも返ってきて、セルフイメージが高まり、夢がかないやすい体質になれるんです。

有名な話があります。パナソニックを創業した松下幸之助さんはご存じですよね。あるとき秘書が会長室に入っていったら、松下幸之助さんが自分の頭をなでていたんだそうです。

「会長、どうしたんですか？」

「自分は中卒なのにここまで来て、えらいなぁ〜、と自分で自分のことをほめているとこなんや」

なんと！　あの松下幸之助さんがそういうことをやっていたんです。松下さんはパナソニックをあれだけ大きな会社にして、いろんな人たちから尊敬された人です。そういう人が自分で自分をほめていたんですね。驚きじゃないですか？

自分を自分をほめるのは、見た目はイタいかもしれないけれど、あの松下幸之助さんがやっていたんですから、僕らだってどんどんやっていいんです。

僕たちは自分を責めたり、ダメ出しはするけれど、自分で自分をほめたり、ねぎらったりすることは少ないと思いませんか？

でも、自分の自分への扱い＝社会から受ける自分への扱いなんだから、もっと自分をねぎらって、大切にしたほうがいいんです。自分が自分を大事にしていると、不思議なくらい世間からも大事にしてもらえます。

僕自身、ゴルフ会員権を販売する仕事をしていて気がついたことがあるんですが、お金持ちな人って自分自身にもびっくりするほど〝与えて〟います。自分に対して優しいから、人にも優しくできるし、人からも優しくされる。そんな豊かな循環が生まれているんですね。

でも**貧乏な人は、「そんな贅沢、いけない」と自分に対して塩対応です。〝お金持ち指数〟が上がるほど、自分に与えるようになる。**そして夢がかないやすくなる。そんな感じです。

僕はここぞという仕事のときに、よく千疋屋《せんびきや》の桐箱に入ったメロンを買って持っていきます。でも、一度も自分のために桐箱のメロンを買ったことがありませんでした。

それで一度買ってみようと思ったんです。思い切って、自分用に買って食べたら、めちゃめちゃ美味しかった！

こんなふうに人にはできるのに、自分自身にやっていなかったことが、たくさんあります。人はもてなせるけど、自分はもてなせないという人は、僕以外にもたくさんいる。だからもっと自分をねぎらってあげることが大切だと思います。そうすれば、絶対に人からも大切にしてもらえるので、セルフイメージが上がって、夢がかないやすくなります。

ささいなことでも自分をほめるくせをつける

ではどうやって自分をねぎらうか。それは、**どんなにささいなことでも、とにかく自分をほめてやることです。すごいことではなくて、なるべくささいなことをほめる。**

何もやれてなくても、「何もやれてないのに、ほめようとしている自分はえらいな!」と全然思っていなくても「思ってもいないのに、言われた通り『よくやったな』と言っている自分はすごいな!」とか。

要するにほめるレベルを下げていって、ものすごく低い自分にもOKを出していくわけです。そうすると、「ダメな自分」を自分で認められるようになります。

そしてささいなことでも「よくやった」と自分をほめられるようになると、周囲の人に対してもささいなことでほめられるようになって、人から好かれるようになるんです。

自分を大事にできない人は、こんなふうに思ってみるのがおすすめです。

前にある人から教えてもらった話なんですが、もしあなたが国宝の弥勒菩薩像を預けられたらどうしますか?

きっとものすごく大切に扱いますよね。きっと、傷をつけないように真綿でくるんだり、そっと持ち運んだり、丁寧に丁寧に扱うでしょう。

じゃあ、弥勒菩薩像とあなた自身とどっちが大切ですか？　自分の命とひきかえに、弥勒菩薩像をとりますか？　たぶんほとんどの人は自分をとるんじゃないでしょうか。

つまり自分は、国宝級の弥勒菩薩像より大切な存在なんです。「そんな大切なものをあなたは粗末にするんですか？」って、もう一度自分に聞いてみましょう。

だから、**自分を粗末にするようになったら、「私は国宝級の弥勒菩薩像より大切なんだ！」と思い出してみてください。**

自分の自分への扱い＝社会から受ける自分への扱い。
まずは自分をねぎらってあげよう。

自分をねぎらう第一歩は、
ささいなことでも自分で自分をほめてあげること。

05

「受けとれる人」になると、チャンスがやってくる

ほめられることにＯＫを出そう

自分をほめてねぎらうと、「受けとれる人」になる。桐箱のメロンを迷いなく自分のために買えたり、ダメな自分でも「すごいね」というほめ言葉を受けとれるようになる。

自分をねぎらう目的は、「ダメな自分」を認めて、セルフイメージを高めることにあるんですが、実は裏の目的は「受けとれる人になる」ことにあるんですね。

「受けとれる人」になれるかどうかは、豊かさと直接結びついています。

だって受けとれないと、豊かになれないですから。

目の前の1万円を受けとれるから、豊かになる。受けとらなかったら、ゼロのまま。

じゃんじゃん受けとれるから、じゃんじゃん豊かになれる。そういうことです。

「受けとれる人」になるには、とにかく自分をねぎらう、ほめる、ほめ倒す。そしてほめられる自分にＯＫを出し、素直に受けとる練習をするのです。つまり人からほめられたときも「それを拒否しない自分」になる練習です。

なぜかというと、自分をねぎらっていると、人からもほめられるようになるから。

順番はこうです。自分をほめる（認める）→するとそ人のこともほめるようになる（認めるようになる）→すると人からもほめられる（認められる）。

豊かさやチャンスや成功は、みんな「人経由」でやってくるんです。だから人からほめられたとき、「いえいえいえ……」と拒否していたら、人経由でやってくるチャンスや運や豊かさや幸せも全部拒否することになってしまいます。

たとえばすごいチャンスがきても、「受けとれない人」だと、「いやいやいや……」となってしまってチャンスを逃します。「受けとれる人」だと、「それをやってもいいんだ」と受けとれるので、同じレベルの話がどんどん来るようになるんです。

「受けとれる人」になれるかどうかは、人生の大問題なんですね。

僕にも30歳になる直前、「全然モテない……」と悩んでいた時期がありました。

仕事はうまくいっていたので、お金はあるけれど、モテる自信がない。つまり自分で自分にダメ出しをして、自分を認めていなかったんです。

そんなとき、あるセミナーに出席しました。すると偶然24〜25歳のきれいな女性ばかりいるグループに入ってしまったんです。ワークはお互いにほめ合うこと。

女性たちから「笑顔がさわやかですね」と言われた瞬間、僕は滝のような汗をかいて「いえいえいえ、そんなことありません！」と反射的に拒否ってしまったんです。

でもそのワークの課題は「ほめて、受けとる」ことだったので、冷や汗を流しながらも「うん、そうですね。笑顔がさわやかです！」と必死で受けとるようにしました。

そしたら、2週間後に念願の彼女ができました。うそみたいですけど、本当です。

「受けとれる人」になるって本当に大切です。夢をかなえている人は、みんなほめるととても気持ちよさそうな顔をします。

僕が知っている人で「受けとり上手」の〝達人〟は心屋仁之助さんです。心屋さんは歌手でもないのに、武道館でライブをするという大昔からの夢を実現したんです。

心屋さんは、メジャー歌手並みの有料のチケットを売って、何千人も集客して、武道館のステージで気持ちよさそうに歌ってました。ステージでピアノも弾いてたけれど、習い始めて8カ月。なのに、福山雅治ばりのオーラをガンガン出していた心屋さんを、僕は「超カッコいい！」と思いました。「どんだけセルフイメージが高くて、『受けとり上手』なんだ！」と。

そんな心屋さんに衝撃を受けた僕は、なぜそんなに堂々としていられるのか聞いてみました。心屋さんの答えはこうです。

「だってこーちゃん、僕のライブに来てくれた人は、僕に会えるだけでうれしいって思ってくれてるってことでしょ。そういう人たちの厚意をありがたく受けとることがファンサービスだと思うねん。ってことは、別に僕がうまくても下手でも関係ないよね」

なるほど、人は受けとるから豊かになって、遠慮なく夢も受けとれるんだ、と僕は感化されました。これはとっても大切なことなので、ぜひ、みなさんも心にとめてほしいです。

10分の1「ほめ返し」の法則

「受けとれる人」になるには、ほめられることにOKを出すことが大切だと思います。

「でも私、人から全然ほめられないんです。ほめられる機会もありません」という人は、自分のほうから人をほめまくるんです。さっきの順番、もう一度思い出してみましょう。

自分をほめる（認める）→すると人のこともほめるようになる（認めるようになる）→すると人からもほめられる（認められる）。

まず自分をほめる、が最初でしたね。次にやるのは、他人をほめることです。

10人ほめれば一人くらいはほめ返してくれます。100人ほめれば、10人からほめられます。

そしてほめられたら、すかさず「ありがとう」と受けとる練習をすればいいんです。ほめることが見つからなくても大丈夫。次の言葉を使い回してください。

「笑顔がステキですね」
「センスいいですね」
「さわやかですね」
「さっきの話、面白かったです」
「一緒にいるとほっとします」

どんな人にだって、ほめる言葉はありますよ。とにかくほめてみる。100人ほめれば、10人くらいはほめ返してくるでしょう。そしたらすかさず「ありがとう」です。

最初はむずがゆくても、とにかく「ありがとう」「そうなんです」と言ってみる。これは本番じゃないですから、肩の力を抜いてやってみましょう。

ほめ続けていると、いつのまにか王様になれる

でも悲しいかな、貧しい人は「ありがとう」を受けとらないで、ほかのことで努力してしまうんです。かつての僕も、女の人からほめられるということにどうしてもOKが出なくて、頑張ってオープンカーを買ったり、クルーザーを買ったりしていましたから。

人をほめていれば、自分もほめられるのに慣れてきます。最初はぎこちないかもしれませんが、続けていくとだんだん慣れてきます。

ほめられるのに慣れてくると、自分は何をしてもほめられる存在なんだ、という美しい勘違いができるんです。

これは大人になってから、自分でいかようにも教育できるので、人をほめて、自分もほめられるというパターンに慣れてください。

心理学的には手の平を上にすると、相手からのほめ言葉を受けとめやすいようです。

とくに、縁の下の力持ち的な人をほめ続けていると、すごくいいことも起きます。

僕は和平さんがどこに行っても相手をほめていらっしゃって、そのことですごくいい

扱いを受けてきたのを見ていました。

なので、自分も新婚旅行でイタリアに行ったとき、レストランの料理があまりに美味しかったので、働いている人たちをいっぱいほめました。

最初はウエイトレスに「ボーノ、ボーノ（美味しい）」とほめていたんですが、足りなくて、奥さんに「ちょっと厨房まで行ってくる！」と言って、厨房まで行ったんです。

そして厨房の全員に「ボーノ、ボーノ」と言って握手をしてきました。そしたらみんな大喜びで「これも美味しいから食え！」「こっちも食え！」と言ってきて、ものすごいＶＩＰ待遇を受けました。

翌日もそこに行ったら、「こっちのほうが景色がいいから」ともっといい席に案内されたんです。チップはガイドブックに書いてあった一般的な金額程度しか出してないのに、そういうことが起きるんですね。

だから人をほめて悪いことはまったく起きません。せいぜい無視されるくらい。

さっきの**10分の1の割合で、ほめ返しがきますし、100分の1くらいの確率でものの**

すごいことが起きます。そういうときはありがたく受けとるようにしましょう。

これを習慣化すると、気がつくと〝王様扱い〟されている夢のような人になっているわけです。

ほめた人の10人に一人はほめ返してくれる。すかさず「ありがとう」と受けとる練習をしよう。

縁の下の力持ち的な人をほめると、いいことがたくさん起こる。

06

世界を見るメガネをピカピカにする

人はみな自分の色メガネで世界を眺めている

セルフイメージというのは、自分が自分をどう見ているのか、ということだったんですが、今度は自分が世界（他人）をどう見ているかについてもふれておきたいと思います。

自分が世界（この中には自分も含まれるんですけど）をどう見るかを僕は「フィルター」と呼んでいます。このフィルターがどうなっているかで、夢を肯定するのか、否定するのか、夢に対する姿勢が変わってきます。

人はみんなそれぞれ自分だけの色メガネで世界を見ています。色メガネ、つまりフィルターは育った環境や親から受けた教育、自分の経験などいろいろなものが寄り集まってできています。

赤い色メガネの人は世界が赤っぽく見えますし、黒い色メガネの人は世界がダークに見えます。ゆがんだ色メガネの人は世界がゆがんで見えるんです。

どんな色メガネ、つまりフィルターで世界を見るかは、人によってみんな違っているんですね。その違いが夢への姿勢、ひいては人生の質の違いになってあらわれます。

たとえば「世界は厳しい」というフィルターで世界を見ている人は、夢をかなえる道も断崖絶壁のルートしか目に入りません。そういう色メガネで世界を見てしまっているからです。

だから断崖絶壁をひいひい言いながら登って、ときには挫折することもあります。

一方「世界は優しい」という色メガネをかけている人は、夢を追いかけるときもお花畑のルートしか見えません。

「あ、お花が咲いてる♪　モンシロチョウも飛んでる♪」と鼻歌まじりで、〝ハイジ〟の世界で頂上まで登っていきます。どっちの道を選んでもいいんです。自分の自由ですからね。

でももしあなたが〝ハイジの道〟を選びたいなら、自分のフィルターを変えないといけないんです。

世界が基本的に優しく見える〝ハイジのメガネ〟は透明です。色がついたゆがんだフィルターではなく、透明でピカピカのフィルターに変えたほうがいいでしょう。

「反射的否定フィルター」の後ろ側を見る

そのためには、まず自分がどんな色の色メガネをかけているのか、**自分がどんなフィルターで世界を見ているのかを知ることが第一歩です。いちばん簡単にわかるのは、人からほめられたときの自分の反応なんですね。**

「そんなことないです」「いえいえいえ……」「大したことないですよ」

反射的に否定している人は、〝世界は厳しい〟という色メガネをかけている人です。こういう人は、他人に対しても自分に対しても厳しく否定的な目を向けるので、断崖絶壁の道を進んでしまいがちです。

セルフイメージでいうと、自分にダメ出ししてしまう人なんですね。

謙遜を美徳とする日本人には、この「反射的否定フィルター」を持っている人がとても多いんです。そして人にも強要します。

僕が中学生のころ、通ってた学習塾に帰国子女の同級生ですごく上手に英語を話す女の子がいたんです。

「This is an apple.」の「ａｐｐｌｅ」を「アポー」と発音したりする。すると五分刈り頭のジャイアンみたいな男の子が「あぽーだってよ」とからかうわけです。

その子は次から「アップル」とわざわざ日本語風に言い換えるようになってしまいました。

そうやって人から強要されて、自分のフィルターをゆがめていってしまうのは、いいことではありませんよね。だから、もし誰かから皮肉を言われたり、からかわれたりしたときは、自分のフィルターを直さないで、ただ「ありがとう」と言っておけばいいんです。

話は横道にそれましたが、とにかく日本人は伝統的、文化的に「反射的否定フィルター」を持ちがちな人たちなんです。

親や学校や先生や上司や世間や社会や、いろいろなものから「もっと頑張れ」「目立つな」と言われ続けて、それが無意識のうちにこびりついてしまっているんですね。

だから「反射的否定フィルター」を取り替えるのはけっこう大変だと思います。

なので僕は、フィルターの後ろ側を見るくせをつけたらいいんじゃないか、と思っています。物事はつねにフィルターを通して、ゆがんで入ってくるわけです。

だから**ゆがんで入ってくる前の、フィルターの後ろ側にある本当の姿を推測するくせをつけておくんです。**

たとえば、誰かが自分に対して怒りをぶつけてきた（とフィルターを通して感じた）とします。その怒りの本当の姿は何なんだろうか、と思うわけです。

怒りの根っこには「何かを守りたい」とか「こうあってほしい」とか「こうしたいのに」という理想や愛情があります。つまり美しいものがあるのです。同様に、

悲しみの根っこには「大切だから」という愛、

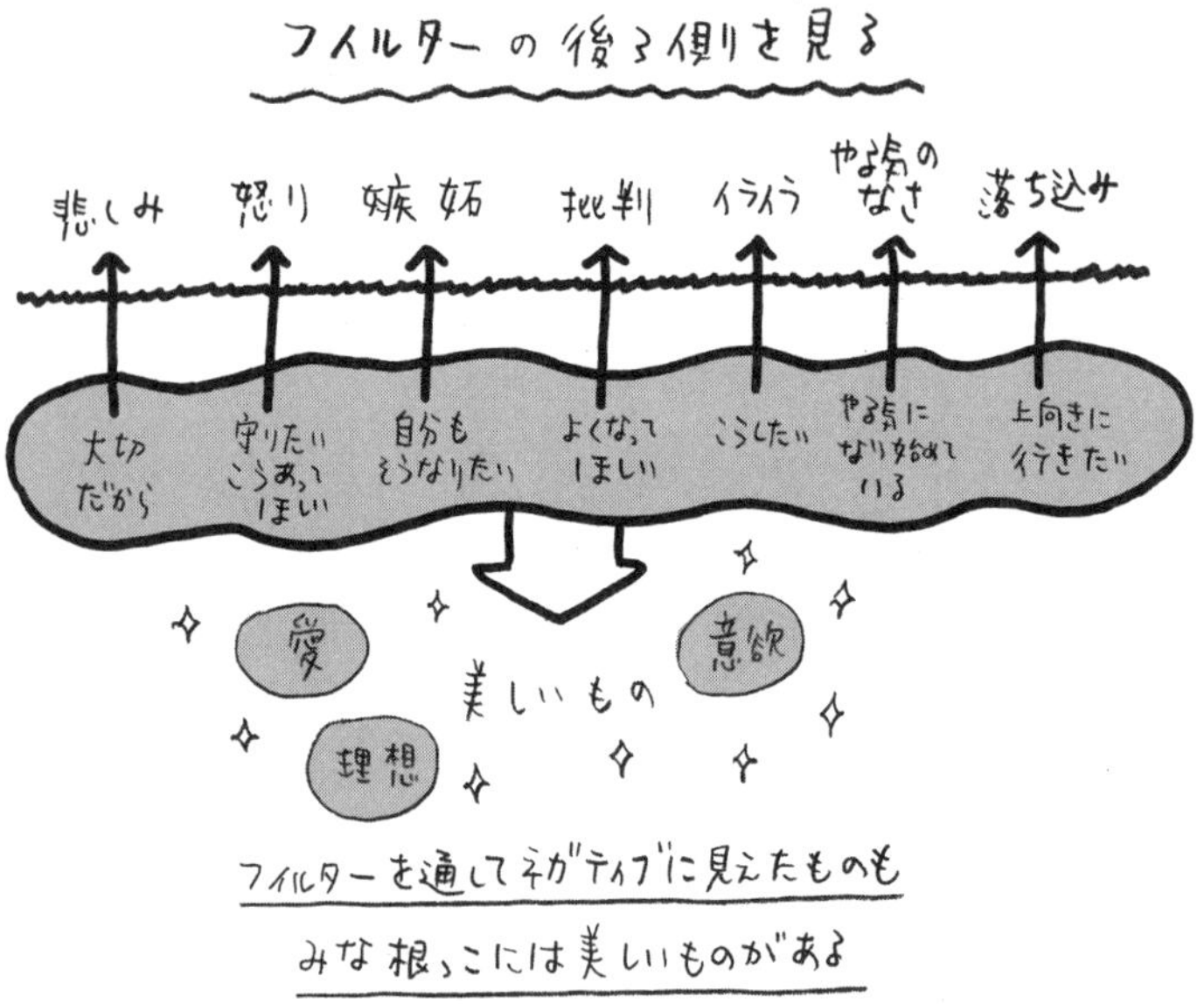

イライラの根っこには「こうしたい」という意欲、
嫉妬の後ろには「自分もそうなりたい」という理想、
批判の後ろには「よくなってほしい」という愛、
やる気のなさの後ろには「やる気になり始めている」気持ち、
落ち込んでいる気持ちの後ろには「上向きに行きたい」気持ちが隠れています。自分が「否定的なもの」として受けとったものも、フィルターを通す前はみな美しいもののかたまりなんです。そういうものが見えてくると、ネガティブに受けとっていたものも、いい感じで変換できます。

うまくいっている人のフィルターは愛にあふれている

だから、色がついてゆがんだフィルターをフィルター丸ごと入れ換えるのは難しくても、いまあるフィルターをピカピカに磨いておくことはできます。

つまり「ネガティブなものに隠れている美しいもの」に変換できる翻訳辞典みたいなものを作っておけばいいんじゃないでしょうか。

そうすれば、誰かが「もう、すごく悲しくて」と悲しみをぶつけてきても、「そんなに大好きだったんですね」と後ろ側の感情に気づけるので、「なんでわかるんですか～？」と占い師みたいなことができます。

誰かが自分に怒ってきても、「この人は何を守りたいんだろう？」という目で見てあげることができます。怒っている相手と怒りでつながるのではなく、相手の愛情にコンタクトするんですね。

そうすると人間関係が格段によくなりますよ。怒りや悲しみに満ちていた世界が本当は愛にあふれていたことがわかるようになります。

世界をどう見ているのか、大富豪のフィルターはとても参考になります。和平さんと800円くらいの定食屋さんに行ったときの話です。

和平さんが「おにぎり」と注文したんですが、もう売り切れていたんですね。

「でも、白いご飯ならありますす」と店員さんが言ったので、僕は心の中で「白いご飯があるなら握れよ！」とイラっとしました。

ところが和平さんは「そりゃ、おめでとう」とニコニコしています。

「え？　何がおめでたいんですか？」と僕が聞くと、「満員御礼でめでたいがね」と言うじゃありませんか。

すごいな、と思いませんか？　ふつうならイラっとするところを、和平さんは幸せになれちゃうんです。世界を愛のフィルターで見ているから、どんなことも幸せにしてしまう。だから幸せになれるし、人生が楽しいんだと思います。

和平さんと道を歩いていたとき、こんなことを言われたこともあります。

「こーちゃん、花ってやつはすごいねえ。全部、人間のほうを向いて咲いとるよね。下にある花は、人を向いて咲いているし、上についている花も人を見て咲いている。すべての花は、全部人のほうを向いて咲いとるがね。世界は自分を喜ばせるために存在しとるね」

なんともすごいフィルターです。

あとで花を観察したら、必ずしもみんな人間のほうを向いているわけではなかったんですが、でも「人のほうを向いて咲いている」と思ったほうが、スーパー幸せです。

和平さんくらいピカピカのフィルターを持っていれば、世界は夢いっぱいに輝いて見えますよね。

人からほめられたときの反応で、自分がどんなフィルターを通して世界を見ているかがわかる。

ほめられたときに否定的に反応してしまう人は、「ありがとう」と受けとる練習をしよう。

07

最初の一歩は自分の「ものさし」に気づくこと

誰もが親の「ものさし」に翻弄されて生きている

セルフイメージ＝自分へのイメージ、フィルター＝世界へのイメージだとすると、それとは別に、人の中にはそれぞれ価値観や物事の善悪、優先順位を決める「ものさし」があります。そして、それは夢をかなえる足かせになることがあるんです。

たとえば「人に迷惑をかけてはいけない」とか「うそをついてはいけない」というのは「ものさし」の上のほうにあって、優先順位や価値が高いもの。迷惑をかけまくる人やうそつきは「ものさし」でいえば、最低のところにあるわけです。

この「ものさし」は価値観、常識という言い方もしますが、みんな同じではありません。**自分の「ものさし」をよく掘り下げてみると、自分の親に気に入られるための基準、**

つまり親の「ものさし」にすぎないんです。

だから人によって「ものさし」が真逆になることがあります。

たとえばある人は「こつこつ真面目にやるのがえらい」という「ものさし」を持っています。そういう親に育てられたわけですね。

ところが別の家では「こつこつやるのはバカだ。真面目は間抜けだ」という「ものさし」のところもあります。

実際、そういう人もいたんですよ。家訓がそうらしいです。その家で育てられた人にとって「こつこつ真面目に」は「ものさし」の下のほうにあります。

「ものさし」はよくわからないうちに、親から無条件に植えつけられてしまったものなので、自分ではどんな「ものさし」を持っているのかよくわかりません。

でも親が大事にしているものや、逆に怒るものを思い出してみると、だいたいの「ものさし」がわかります。父親や母親が大事にしている価値観が「ものさし」の上位に来て、否定的なものが「ものさし」の下に来ます。

誤解がないようにお伝えしますと、親の「ものさし」とまったく反対の「ものさし」

を持っている人もいます。「親の言う通りになってたまるか」という「ものさし」です。親の「ものさし」通りの人が優等生だとすると、反対の「ものさし」を持っている人は反逆児、不良ですね。

どちらにしても、親の「ものさし」を基準にしている点では変わりません。多くの人が、親の「ものさし」に翻弄されて生きているんです。

そしてその「ものさし」は絶対ではありません。世の中には自分が持っていない「ものさし」を持っている人がたくさんいます。世の中には「ものさし」が無数にあるんだ、ということをまずは認識してください。

縦向きの「ものさし」を横向きに置いてみよう

セルフイメージを高くすれば、社会からも高く評価されて、幸せに夢に近づける、という話をしたと思いますが、**実はセルフイメージを高めようとするときに、ほとんどの人がこの「ものさし」のワナにはまってしまいます。**

つまり、**セルフイメージが高い自分＝親の「ものさし」に合っている自分＝親から認**

められる自分、になってしまうわけです。

親の期待に応えること（反逆児の場合は、親の期待に応えないこと）、つまり親の夢をかなえることが、セルフイメージを高めることだ、と勘違いしてしまうんですね。

でも何度も言っているように、親の「ものさし」は絶対的なものではないので、その「ものさし」にしたがって、自分を「ものさし」の目盛りの高い位置（反逆児の場合は低い位置）に置いたとしても、それで自分の夢がかなうわけではありません。

親の言う通り、一生懸命頑張っていい大学に入り、いい企業に就職したのに、「あれ？幸せになってない！」という人、けっこういませんか？

だから親の「ものさし」に翻弄されずに、自分のセルフイメージを高めたかったら、無意識に自分を縛っているその「ものさし」を見直したほうがいいと思います。

でもどうやって？

とても簡単です。**いままで縦にして見ていた「ものさし」を横にしてしまうんです。上とか下をなくして、右左にしてしまう。上下の「優劣」の世界から、たんなるジャ**

ンルわけの世界に持っていくわけです。

「こつこつ真面目がいい」と「こつこつ真面目はバカだ」を横に水平に並べれば、どっちが上でどっちが下か、ではなくなります。たんなるジャンルわけになるので、そうすると、人を「ジャッジ」することがなくなってフラットな見方ができるようになるんです。

ビジュアルで横向きになった「ものさし」をイメージしてみてください。映像として見ると、「そうか、上下じゃなくて分類なんだ」ということがつかめます。

「ものさし」を横向きにすると、「ものさし」の目盛りで一喜一憂していたことから自由になります。

たとえば「こつこつ真面目がいい」と言われていた人は、いままで「こつこつ真面目」の目盛りを1ミリでも上にしようと頑張っていたわけです。

1ミリでも上がったら喜んで、1ミリ下がったら落ち込む。たかが1ミリくらいで。でも「こつこつ真面目はバカだ」という世界の人から見たら、「何？　それ？　バッカじゃない」ということになります。

だから「ものさし」を横にしてしまう。そうすると「ものさし」の上下の目盛り、つまり親の優劣で見る判断に翻弄されることなく、自分の夢や目標を見られるようになります。

ファーブルが昆虫を観察するように物事を見る

「ものさし」を横向きにして、上下ではなく分類で見るやり方を僕は「ファーブル昆虫記」と呼んでいます。

ファーブル博士は、昆虫に優劣をつけません。ただ分類して、客観的に観察するだけです。

カマキリがコオロギを食べていても、「カマキリがコオロギを食べている！　ひどいやつだ」とは言いません。

フンコロガシが糞をころがしていても「げっ！　何だこいつ」とは思いませんよね。

「そういう虫なんだ」と思うだけです。

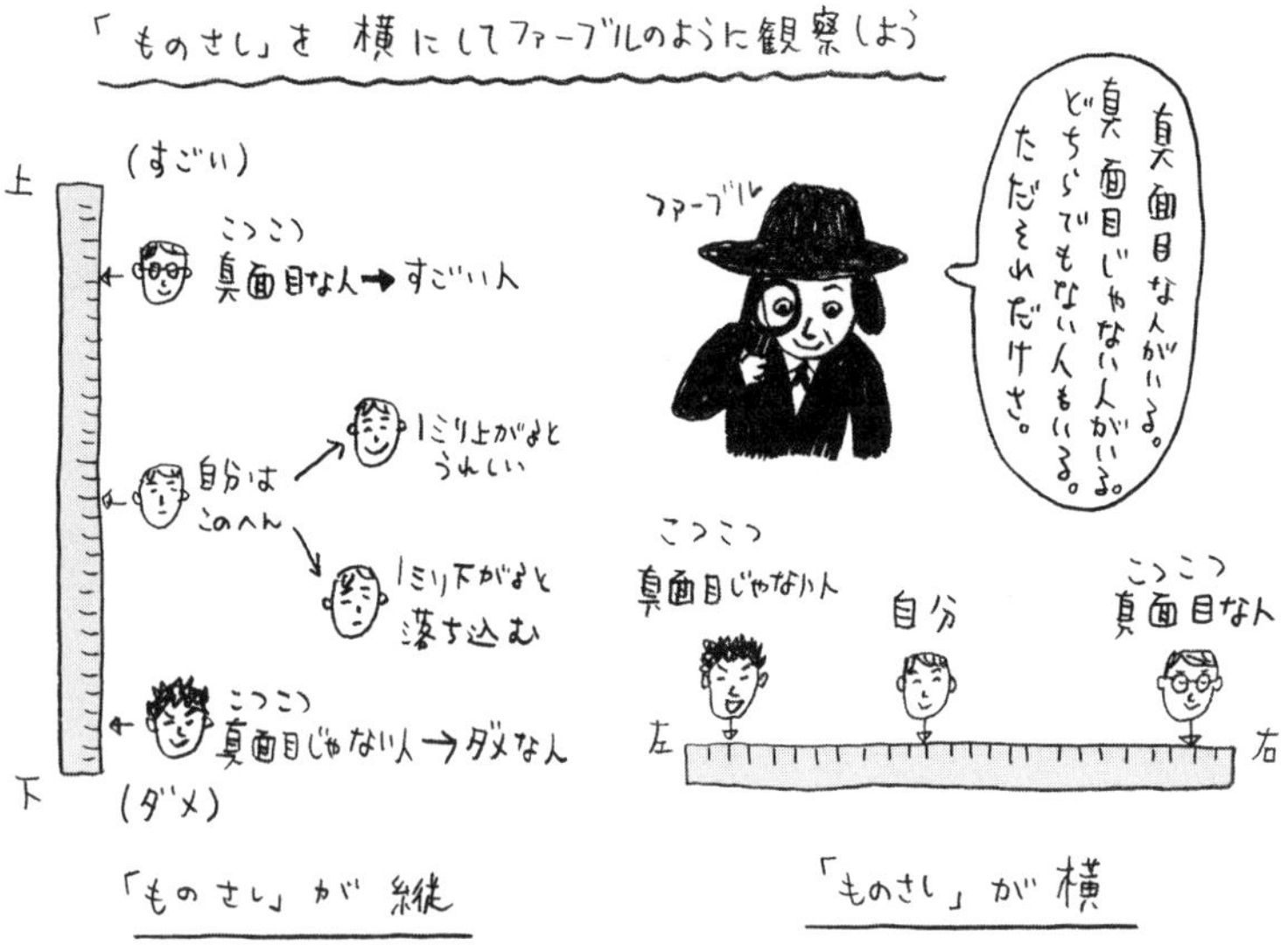

「ものさし」を横向きにすれば、優劣がなくなります。

「こつこつ真面目にやらないで、要領よくやるのは許せない！」ではなくて、「ふーん、この人は真面目にやらないで、要領よく生きるわけね」と見るわけです。

別にバカにしているわけじゃありませんよ。その人のキャラクターを尊重しているんです。

そういう生き物、そういうキャラクターなんだ、という目で見ると、物事を優劣で見たり、その優劣に自分を合わせて、翻弄されなくなります。

心の中がとても平穏になってくるんです。

そして、本当は自分がどうしたかったのか、どうなりたいのか、親の「ものさし」に左右されないセルフイメージが作れるようになるんです。

もしも、縦向きの「ものさし」があらわれて、自分や人を上下で計ろうとし始めたら、いつもこんなふうに心に言いきかせてみてください。


「縦向きじゃなくて、横向きだよ」

「上下じゃなくて、分類だよ」

「ファーブル博士のように観察しよう！」と。

他人のものさしの違いは「部活が違うだけ」と考えよう

ビジュアルで「ものさし」を横にするのは、上下優劣の価値観をなくすのに効果的なんですが、それだけで長年自分の中に形づくられてきた「ものさし」を変えるのは大変です。

というのも、子どもにはいつも親に認められたい、親から愛されたいという基本的な欲求があるからです。そのため、人はみんな親の夢や期待（ものさし）に応えようと頑張ります。反逆児は親の期待（ものさし）にわざと反抗することで、親の関心や愛情をこちらに向けようとします。

だから、人は自分にとって心地よくないのに、「ものさし」の両極端、つまり親が喜ぶどころか、その真逆のところで頑張ってしまいがちです。無意識のうちに「自分が心地よい目盛り」とは違うところを選んでしまいがちなんですね。

これは、とてもやっかいなことなんですけど、自分の心地よい場所を聞かれると、みんな「親の気に入る場所か、そのまったく別の場所」を答えてしまいます。だから、表面的にはわかりにくいんです。自分でもなかなか気づけない。

そうしたときに、**自分にとっての「心地よいものさしの目盛り」を知るバロメーターは、「自分がはしゃいだ気持ちになるかどうか」です。**頭で考えずに、「自分って、いまはしゃいでる？」と、自分自身に質問してみましょう。

人はこと「生き方」の話になると、同じものさしの人を仲間とみなし、一方でそうでない人を敵とみなしがちです。誰もが実は、「自分の生き方こそ最高！」と思っているから。

でも、そうしたときに人とのものさしの違いを、「部活が違うだけ」とまず思うことで大きく変わることができます。ちょっと思い出してみて下さい。学生時代に、部活が違う人たちのことを否定したりしなかったですよね。それと同じように考えてみるのがおすすめです。

もし、自分と相手の「ものさし」が違ったとしても、「その部活いいね、面白そうじゃん！」と思えれば、その人のことを苦手にならずに、尊重することができるようになります。

言ってみれば、誰もがみんなそれぞれの「自分の人生部長」です。「俺、演劇やらないけど、演劇部部長ってすごいね！」という感じで、一目置いて付き合うと、気持ちがラクになります。

結局、親の願いは子どもが幸せになること。親の「ものさし」に従って生きることではないんです。だから、子どもは子どもの「ものさし」にしたがって幸せになればいい。

それが本当の親孝行になると思います。

人はみな、親の「ものさし」に左右されて生きている。

自分と違う「ものさし」を持つ他人と出会ったら、
「たんに部活が違うだけなんだ」と思うようにすれば、
違う価値観を受け入れられるようになる。

2
Chapter

運も幸せもみんな「人」がつれてくる

自分ファーストで誰とでもつながれる方法

08

人間関係をよくすると、神様から「合格」のはんこがもらえる

「楽しみ」を共有すると人とつながれる

人間関係をよくすれば、たいていの夢はかなってしまう、と僕は勝手に思っています。**人間関係が楽しいと、いまいるステージのもう一段上にすごく行きやすくなる**からです。

どのフェーズに行っても、必ず自分と合わない相手が出てきます。でも、その人にダメ出しをしていると、なかなかその上に行けなかったりします。

でもその人たちが来たときでも、はしゃぎながら一緒に登山ガイドのような気持ちで山を登っていくと、神様（?）が「合格！」みたいな感じではんこを押してくれて、次のフェーズにひょいと行ける、というのが感覚的にあるんです。

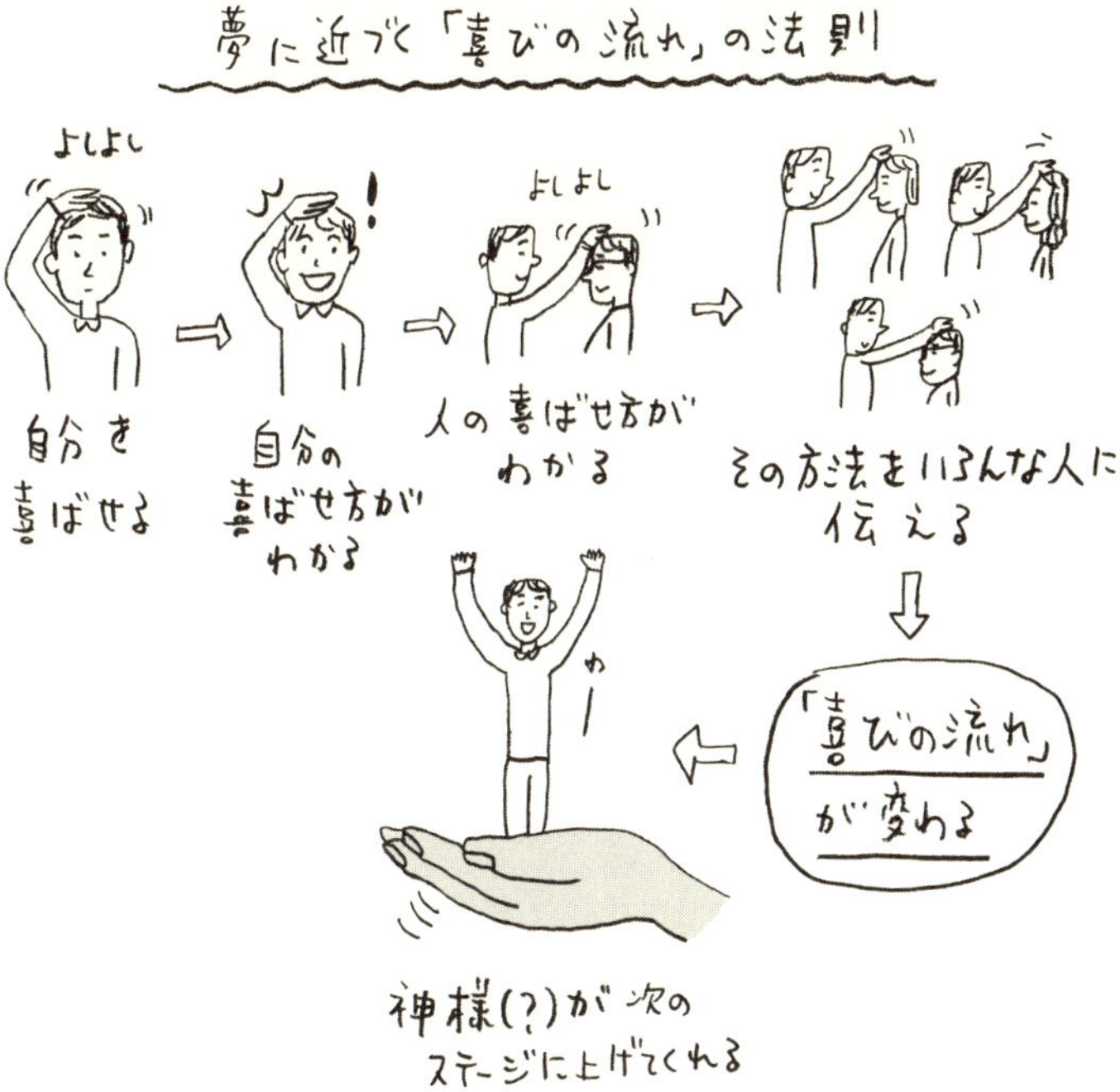

だから、僕の方法はとてもシンプルです。

まず自分をねぎらって喜ばせる。自分の喜ばせ方がわかると他人の喜ばせ方もわかってくる。それを次の人に教えてあげると、喜びがたくさんの人に巡っていく。

それで僕から見て嫌だな、と思う人が出てきたときは、だいたいが自分が受け入れていない過去のダメだったころの自分像だから、そこを受け入れて、寝る前に「よしよし、あのときはうまくやったよ」とダメな自分にOKを出してやります。

そうすると、1週間くらいもすれ

ば、嫌な人にダメ出ししなくなるんです。それは過去の嫌な自分、失敗した自分にＯＫを出したからなんですね。

というようなことをやっていくと、すごく温かい人間の流れができて、気がつくと、スッと上のステージに引き上げてもらえます。

結局、**夢やチャンスや豊かさや幸せは、全部人を介してやってくる**んです。だから人が介在する人間関係を温かく、優しくしておくことが大切です。

これだけインターネットが普及しても、ネットに書いたりしているのは人です。いかに人とつながって、いい人間関係を築けるかで人生は変わってきます。

人間関係の達人になることが、楽しく、夢をかなえる早道だと僕は思います。

僕が200万円のジェットスキーをもらったわけ

人間関係をよくするポイントのひとつは「楽しさ」です。「楽しさ」を共有できれば、誰とでも仲よくなれるし、思いがけない「いいこと」がいっぱいやってきます。

たとえば僕は、全然知らない人からジェットスキーをもらったことがあります。そのジェットスキーは、1~3人乗りで、水の上を走るやつ。僕がもらったのは、いろいろ改造してあって、200万円くらいするものだったんですが、それを全然知らない人から、ポンともらってしまったんです。

20代のころです。僕が船を沖に出していたら、ジェットスキーの集団が船の近くにやってきて、「すみません。ちょっとトイレ借りられませんか?」と言ったんです。僕は、「あ、いいっすよ」と集団を船に上げて、それからちょっと話をするうちに、海の話でみんなで盛り上がって、すごく楽しいひとときを過ごせました。

そしたら集団のうちの一人が「ジェットスキー、やらないいんですか?」と聞いてきました。「いやあ、持ってないいんすよ」と答えたら、「いらないの1台あるけど、いります?」と言うので、「あ、もらいまーす!」と言ったら、本当にジェットスキーをくれたんです。うそみたいでしょ?

ほかにも、公園にいた知らないおじさんからカーボン製の超高級自転車をもらったこともあります。

僕が自転車に乗って公園を走っていたら、そのおじさんが「君の自転車、すごいね」と話しかけてきたんです。

僕が「この自転車でジャングルとか砂漠とか越えたんすよ」とオーストラリア横断の話を面白おかしく話すと、おじさんはすごく楽しそうに話を聞いてくれて、「実はうちに2回しか乗ってない自転車があるから、とりに来て。君にあげるよ」と言うんです。

「ありがとうございます！」と、後日とりにいったら、超高級自転車でした。

僕はそれに乗って東京から富士山まで走って、富士山の前でチャリと一緒に写真をとって、おじさんに送りましたけどね。


ほんと、楽しい話や夢の話で盛り上がると、必ず何か大きなものをもらいます。そういえば、和平さんからもズッシリ重い金貨をもらいましたしね。

「楽しさ」で人とつながると、人から「楽しさ」が返ってきます。

人をもっと好きになれるし、人からも好かれます。人から好かれると人生はハッピーに楽しくなれます。それがラクに幸せに生きるコツなんじゃないでしょうか。

「影ほめ」で楽しく人にアクセスする

はしゃぎながら、幸せに生きるには、「影ほめ」もおすすめ。これは、僕の師匠の一人で、おもちゃ博物館を運営している北原照久さんから教えていただいたものです。

たとえば、あなたの共通の知人Aさん、Bさんがいたとして、Aさんがいないときに、Bさんに「Aっていいやつだよな」ってほめる。

そうすると、その話を聞いたBさんは、あなたに対して「人をほめるいいやつ」という印象を持ちます。そしてBさんはあなたがいないところでAさんに「前にあいつ、おまえのことほめていたよ」と話すでしょう。

そんなことをしているうちに、ほめがほめを呼んで、Aさん、Bさん、その他の人があなたのことをほめてくれるようになります。**人への「ほめ」が、巡り巡って自分自身への「ほめ」となって戻ってくるんです。**

ちなみに僕が、奥さんと付き合うことができたのも、今思えばこの「影ほめ」のおかげでした。彼女と付き合う前、奥さんがいないときに、彼女の友達に奥さんのいいところをいっぱい話したんです。

そうしたら彼女たちは、いつのまにか奥さんに「本田くんっていいよね！」っていってくれて、めでたく彼女と付き合うことができました。

あ、そういえば最近、奥さんに「影ほめ」していない、っていま気づきました。これはマズいですね（笑）。

「影ほめ」を習慣化していけば、こんなふうに楽しく人とつながることができます。


まずは自分をねぎらって喜ばせよう。自分の喜ばせ方がわかったら、それをほかの人にも実践しよう。喜びを人とシェアすると、神様（？）から合格のはんこがもらえる。

人を介して間接的にほめる「影ほめ」をすると、楽しく人とつながることができる。

09 めちゃくちゃ好かれる自己紹介で魅力をアピール

自己紹介は、「そもそも掘り」から始めよう

魅力的な人間になれば、人から好かれます。だから自分磨きをしないといけないんですけど、磨き終わったころにはお年寄りになっていた、なんてことは避けたいので、いまの自分でも十分魅力的に思ってもらえるような自己アピールの仕方をお教えしましょう。いいな、と思っている意中の人と仲よくなれたり、すごいなと憧れている人からかわいがってもらえて、夢に近づけます。そうすれば自分磨きがもっと加速します。「自分磨き」と「いい人たちに出会う」は両輪なんですね。

というわけで、人から魅力的に思ってもらえる自己アピール、自己紹介の方法は覚えておいて絶対に損はないと思います。その鉄板のスキルはたったひとつしかありません。

「そもそも掘り」で夢を伝える
なぜ？ どうして？ そもそも？
見つけた！
世界はこんな風に変わりますよ
スゴイね
ステキ
自分の動機を掘り下げる
ダイヤの原石＝愛が見つかるまで掘っていく
ダイヤの原石で変わる世界や夢を示す
自分の魅力を100%アピールできる

それは「そもそも掘り」です。そもそも自分はなぜこれをしてきたのだろう、これにこだわっているんだろう、という「そもそも掘り」をしていくわけです。

「そもそもどうして？」「そうなったのはそもそもなぜ？」「それはどうして？」と「そもそも掘り」をしていくと、「おおっ！」というダイヤモンドの原石が出てきます。

その輝きが人をひきつけるのです。

僕が「そもそも掘り」に気がついたのは、父の会社のホームページを作ったとき。

「そもそもなんでゴルフ会社をやったの？」と父に聞くと、最初は「もうかるからだよ」みたいなことを言っていました。

「でもほかにもうかる仕事はあったでしょ？　それな

のになぜ、ゴルフを選んだの？」

そうやって、父がこの会社を作った「そもそも」を掘っていったんです。そしたらこんなことを言い出しました。

「だってさ、20歳ぐらいのときにゴルフを始めたんだけど、ゴルフやる前って、遠足のときのようにワクワクして眠れないんだよ。それぐらいゴルフって楽しくってさ。そういうのを伝えられる会社だったら、なんかいいんじゃないの、と思ってさ」

あれ、意外といいこと言うな、と僕は思いました。それで父の会社のホームページに「そもそも」の動機を書いてみたんです。

「明日ゴルフだ！　と思うと、遠足のときのようにワクワクして眠れないことはありませんか？」みたいなことを。

そしたらいきなり売上が3倍になりました。もちろんほかにもやりましたけれど、ホームページに「そもそも」を書いたことが、売上に大きく貢献したのは間違いありません。

ゴルフ会員権を扱う会社はいろいろありますが、どうせ買うなら、「そもそも」の原点に共感できるところから買いたいじゃないですか？

父と「そもそも」のハートでつながった人たちが、買ってくれたんだと思います。

そのときから僕の座右の銘は「ハートが開くと、財布も開く」になったんです。**「そもそも」の深いところでハートがつながると、財布が開きます。**

僕は最初、このやり方を商売のために使っていました。お金もうけのことしか考えていなかったので、ほかの会社のコンサルタントをするときも、「こうやれば、もうかりまっせ」みたいなことで教えていたんです。

ところがある社長が、このスキルを婚活に使ったんですね。会社の魅力のアピールに使うんじゃなくて、自分の魅力のアピールに使ってみた。

「そもそも僕はこういう両親に育てられて、こういうものが本当に大事だと思っていて、こんな夢を持っています。それをわかってくれる人と結婚したいなと思います」

そしたらモデルのようなきれいな奥さんがゲットできて、その人をつれて、僕の前にさっそうとあらわれたんです。

「うお、奥さん、モデルさん？」と聞いたら、「うん」と言うので、当時彼女がいなかった僕は心の中で「マジ、ふざけんなよ〜！」と思いました。

「そもそも」が広がっていく世界観が夢である

こうやって「そもそも掘り」していくと、必ず美しいものが根底にあります。

「目的は金もうけだけだ」と豪語している人でも、「そもそも」を掘っていくと、そのお金で家族を安心させたいとか、親にラクをさせたいとか、美しい愛の原点にたどりつくんです。

「もしかしてこれって愛かも?」というところまで掘っていって、原点をパカーンとオープンにすると、そこに共感してステキなものがいっぱいやってきます。

お金だけじゃなくて、理想のパートナーにめぐりあえたり、いろんなチャンスや幸運がやって来るんです。


「そもそも」から広がっていく世界観を語ることができたら、立派なビジョン、つまり夢になります。

「その『そもそも』が広がっていったら、どうなると思う?」というのを掘り下げていってください。美しい原点から出発していますから、必ず世の中にいい影響を与えるビジョンになります。

アップルのスティーブ・ジョブズはプレゼンテーションが上手だったことが有名ですが、彼の話の特徴は世界観を雄弁に語る点にありました。

新しいｉＰｈｏｎｅが出るときも、ｉＰｈｏｎｅのスペックは語りません。「これがあるとどんな新しい生活ができるのか」という世界観を語るんですね。

すると、聞いている人はまださわったこともないｉＰｈｏｎｅを持って生活している自分の姿がありありと浮かんできます。

父のホームページを作ったときも、「遠足のように楽しかった」という父の「そもそも」の原点をオープンにして、さらに「そんなに楽しいゴルフに囲まれていたら、社員もお客さんも幸せです。ゴルフの楽しさを知らない人にそれを知ってもらって、『わー、楽しい』と思ってくれたら、人生がもっと楽しくなります」みたいなことを書いて、ゴルフの会員権を持つステキなビジョンを描いてみせたんです。

ちなみに、先ほど話した友人ですが、結婚したあとのビジョンをありありと書いたそうで、奥さんもそれを読んだら「この人だ！」とピンと来たそうです。

こんなふうに「そもそも」を掘って、それを広げ、世界がどう変わっていくのかビジョン、つまり夢が示せれば、あなたの魅力が最大限相手に伝わりますし、夢にも一歩近づけるでしょう。

相手の脳のスクリーンにステキな自分を映し出せ！

人には、思考で伝えるより感覚で伝えたほうがはるかに伝わりやすいという性質があります。自分の魅力を印象づけるときも、理屈よりも感覚として伝えられたほうが、より親近感を持ってもらえます。

共通する経験や体感があれば、「あー、それそれ！」と一瞬で伝わりますよね。とくに友人関係や恋愛関係を深めようと思ったら、「あー、それそれ！」があると、お互いの距離が一気に縮まります。その状態にいかに近づけていくか、ということなんです。

そのためには自分が伝えたい夢や思いを、思考や言語レベルから体感、感覚レベルに変換してみる必要があります。

僕がみなさんによく言っているのは、自分の脳のスクリーンに自分が体験したことや伝えたいことを一度映像化して映し出してほしいということです。

そして**相手の脳にもスクリーンがあるのをイメージして、自分のスクリーンの映像を相手に伝えるイメージで話す**んです。

映像にするときのポイントは五感です。

僕がオーストラリアをチャリで旅していたときのことを説明するなら、こうします。

「あのさ、知ってる？　砂漠ってさ、周りにさえぎるものが何もなくて、風がやんだ瞬間にね、音がまったく聞こえないんだぜ！」とか「夕日が沈むときにさ、ゴゴゴゴって沈む音が聞こえるような感じがするのね。そこで俺、ウィスキーの小瓶を取り出して、クッと飲んで、胃にじわーっとしみ渡ったところで、おもむろにサックスを取り出して吹いてみたんだ。そんとき俺、いま世界でいちばんカッコいい！　って思えたんだ」

とか言うと、みんなの脳みそにオーストラリアの光景が浮かぶでしょ？

五感にうったえるような描写や擬音を使うと、すごく映像化しやすいと思います。

実は詐欺師はこのテクニックを使っているんだそうです。自分が経験してもいないことを、最初に自分の脳のスクリーンに鮮明に描くんです。

「自分は伯爵家の血を引いていて、実はこんな財産があって、こんな育てられ方をしたんだ」というのを、自分の脳に映像として克明に描いてしまう。

それを相手の脳のスクリーンに映し出すので、「なんで、こんな話にだまされちゃうの？」というようなインチキ話にも乗っかってしまうんです。

映像化はそれくらいインパクトがあるんですね。当然いいことに使ってくださいね。悪用厳禁です。あとで理由を説明しますが、詐欺師にはお金が残りません。残るのは嫌な気持ちだけですからね。

そして悪用する人は、こんなことをするので注意しておこう、と覚えておきましょう。

「そもそも自分は……」とさかのぼっていくと、自分らしさの原石が見つかる。

魅力的な伝え方のコツは、視覚・聴覚などの「五感」にうったえること。

10

相手の「喜びフォルダー」をポコポコ開けよう

その人の楽しいものをホリホリする

自分を「そもそも掘り」していくと、美しい自分の原石が発見できます。これと同じことが他人にも応用できます。

ただし、**人に応用するときは、相手が夢中になっていること、喜んでいることに限定します。**相手のコンプレックスや悲しみを「そもそも掘り」してしまうと、相手の逆鱗《げきりん》にふれて、「何だ、こいつ！」とものすごく嫌われてしまいますから。

人の心の中には、パソコンでいうところのフォルダーのようなものがたくさんあります。「悲しみフォルダー」とか「楽しいフォルダー」とか、いろいろあるんですね。

それぞれのフォルダーの中にはさらに過去のフォルダーがあって、たとえば「楽しいフォルダー」なら、「これは楽しかった」という思い出（感情）が入っています。

それらが一緒くたになって、「楽しい」という名前がついたフォルダーになっている、とイメージしてもらえたらいいと思います。

実際、脳の作りもそうなっているそうです。

で、**誰かと友達になりたかったり、自分のことを好きになってもらいたかったら、相手の「喜びフォルダー」や「楽しいフォルダー」を見つけて、フォルダーをクリックしながらポコポコ開けていく感じでコミュニケーションをとっていく**といいんですね。

宝物探しみたいに相手の「喜びフォルダー」を探して、見つけたら「ここ掘れ、ワンワン」と掘る。相手は一緒に宝物を探してくれただけで、すごく好きになってくれます。

具体的にどうするのかというと、「何をしているときが楽しいですか？」とか「どんな音楽が好きなんですか？」とかいろいろありますよね。

どんな質問をしたら「喜びフォルダー」を開いてくれるだろうかと、というのを勝手に想像しながら、質問ぜめにしていくといいと思います。

コンサル的に言うと、質問のパターンは3段階あります。すなわち、

①そもそもの動機、行動の原点を聞く→「いま何をされているんですか？　なぜそれをされているんですか？」

②それが広がっていったときのビジョンを聞く→「それが広がるとどうなりますか？」

③そのビジョン（夢）をかなえるために、どんなことをしてきたのか聞く→「そのために、いままでどんなことをしましたか？」

ポイントは質問を発展させていくというかたちです。アンケートをとるみたいに、質問→答え→質問→答えの単純なくり返しになってしまうとつまらないので、会話がつながって発展していくような質問にしていくのが理想的です。

相手を喜ばせるもっともパワフルな質問とは？

ですが、ふつうの会話ではそこまで厳密でなくてもかまいません。相手の「喜びフォ

ルダー」を意識しながら、こんな質問をしたらいいと思います。

「いま、何をされているんですか？」

「いま、何に夢中になっていますか？」

「いま、どんなことに力を注いでいるんですか？」

たいていは趣味や仕事や家庭だと思うんですが、その話題をふって、相手が答えたら、必ず「へぇ〜っ！　すごい！」と感心してみせるんです。

「すごい！」と思っていなくてもそういう顔をしてみる。「してみる」のが大事です。


人は相手を「こういう人だ」と思うと、相手はその通りになっていくようです。


「こいつはダメなやつだ」という目で見ると、相手はどんどんダメになっていく。「この人は素晴らしい人だ」と思っていると、どんどん素晴らしくなっていきます。

僕は企業のコンサルタントを始めたころ、「俺がいないと、この会社はダメになる」という〝上から目線〟のスタンスでやっていました。そうすると、本当にその会社はどんどんダメになっていくんですね。

これではコンサルの意味がないと思って、途中から「すごい！」「素晴らしい！」というスタンスに変えたんです。

それをやっていると、実際すごく素晴らしいものに見えてきます。「すごい！」と思うことで視野が広がるので、「すごいこと」が目につくようになるんです。

結果、会社はどんどんよくなっていく、という現象があらわれるようになりました。

仕事の人間関係だけでなく、友人関係や恋愛関係でも同じです。

みなさんもぜひ**目をキラキラさせて「すごーい！」と言う習慣を身につけてください。**

相手の「喜びフォルダー」がポコポコ開いて、楽しい雰囲気になります。

「そんな歯が浮くようなことが言えるか」という人がいるかもしれません。そういう人でも少なくとも相手の喜びに共感している態度を示してください。話させるだけ話させておいて、放りっぱなしだと、相手は二度と心を開いてくれません。

あいづちを打つ、うなずく、笑顔など、相手に伝わるように共感することが大切です。

あるいは相手が「いやいや、そんなに感心されるようなもんでもないし」とやんわり拒否してくる場合もあります。

そういうときは「免罪符質問」というのもあります。

「もしかしたらあなたは大したことはないと思っていらっしゃるかもしれませんが、僕としてはすごいと思うので、聞いていいですか？」

こういう聞き方をすると、照れ屋の相手でも自分の「喜び」を白状しやすくなります。

年配の方だったら、過去の感情フォルダーを刺激するのもいいでしょう。

「これが楽しいってことは、学生時代にルーツがあるんですか？」というように昔の楽しい思い出話に持っていくと話しやすいと思います。

「喜びフォルダー」に自分を登場させよう

相手の「喜びフォルダー」をクリックするとき、テキストとしての喜びではなく、映像として引き出せれば、相手の気持ちよさはもっと増します。

「学生時代、野球をやって楽しかったんですよ」というテキストではなく、野球をやっている光景が相手の脳のスクリーンに映し出されるように語ってもらうのです。

「それって何人くらいのチームだったんですか？」

「合宿とか、大変だったでしょう？」

映像が映写され始めたら、相手の喜び指数もどんどん上がります。

そしてここからが裏ワザなんですが、そのスクリーンにあなた自身を登場させてしまう。つまり**相手の「喜びフォルダ」にウイルスみたいにあなたを登場させる**んです。

まずは相手の脳のスクリーンに楽しかった映像を再現してもらいます。たとえば取引先の社長との会話を想定してみましょう。

「社長は何をしているときが楽しいですか？」

「そうだなぁー、野球観戦かな」

「野球がお好きなんですね」

「俺、大学まで野球をやってたんだよ」

「へぇーっ、すごいですね。いつから野球を？」

「始めたのは高校のとき。それまではサッカーだったんだけどね」

「野球のどんなところが面白かったんですか？」

「たまたま部活で誘われたのがきっかけなんだけどね、熱い部活でさ」

こんなふうに青春時代の思い出に話が及ぶと、「喜びフォルダ」が開き出します。

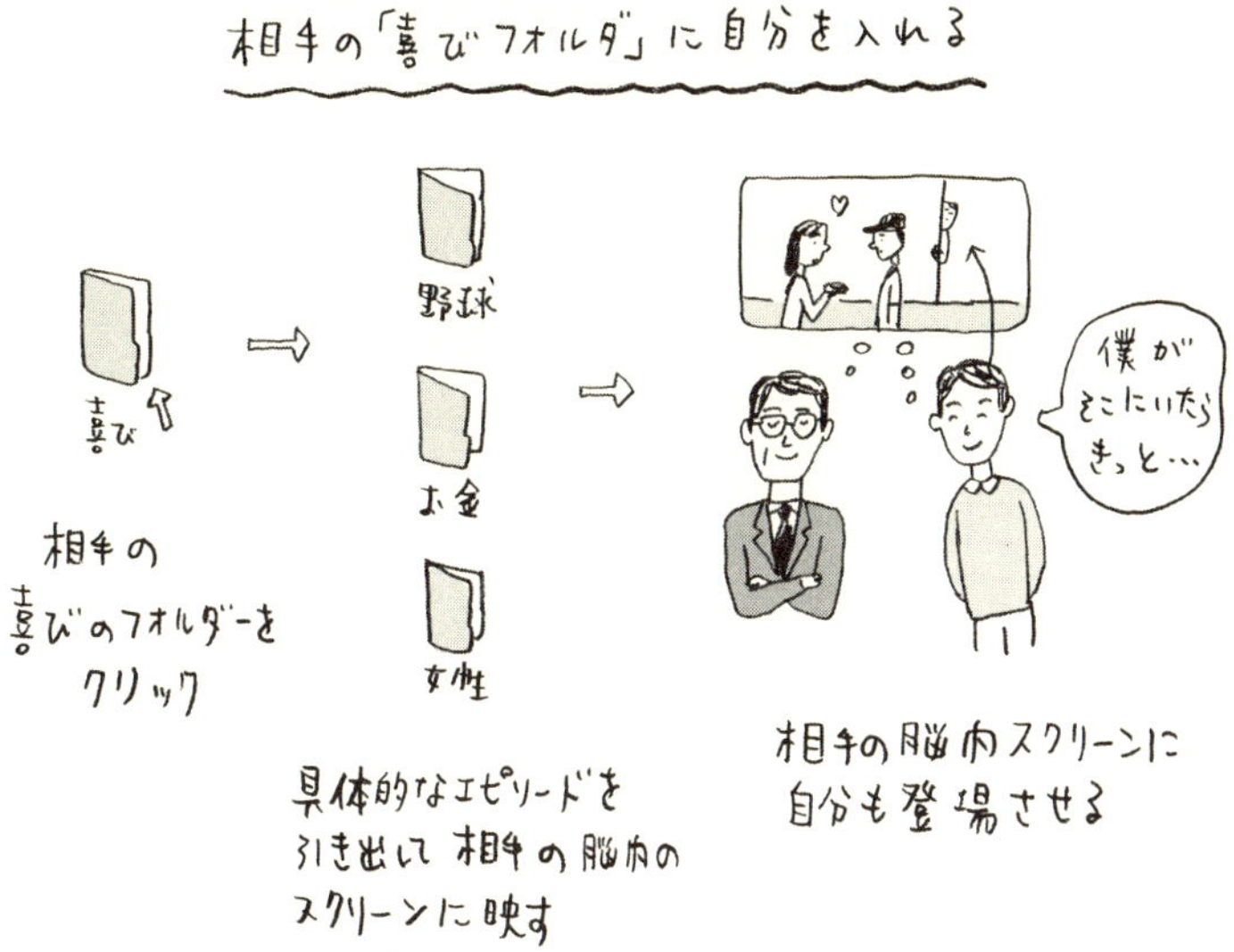
相手の「喜びフォルダ」に自分を入れる
喜び
相手の喜びのフォルダーをクリック
野球
お金
女性
具体的なエピソードを引き出して 相手の脳内のスクリーンに映す
僕がそこにいたらきっと…
相手の脳内スクリーンに自分も登場させる

そこをどんどんほじくって、「どんな部活でしたか？」「何が大変だったんですか？」「どんなことがあったんですか？」と脳のスクリーンに映像が映し出されるように、具体的なエピソードを引き出していきます。

そして、相手の楽しいシーンに自分を登場させるチャンスをねらいます。

「野球部って、かわいい女の子のマネージャーとかいませんでした？」

「いたいた。みんなのアイドルだったなあ」

「そんな子がいたら、僕、絶対抜け駆けして、コクって、玉砕してたでしょうね」

「やりそうだよね、君。そういうこと」

「でしょ？　だってかわいい子がいたら、放っておけないたちですもん。社長はアタックしなかったんですか?」

「バカ言え。野球しか考えてなかったよ」

「でも社長がその子を口説いたら、けっこうイケたかも。僕は玉砕した上に、社長に女の子をとられて、青春まっ暗ですよ」

「ははは、そうだな。君が俺と一緒にいたら、泣いてたろうなぁ」

こんなふうに相手のシナリオに自分も入ってしまうんです。**その人の「喜びフォルダ」の場面に自分が存在していることで、人間関係の距離が信じられないほど縮まります。**


他の人にも「そもそも掘り」は有効。相手の魅力を再発見できる。

相手の思い出のフォルダに自分も登場させて話すと、距離が縮まる。

11

世界一楽しく相談すれば、人生はうまくいく

訴訟相手にバラの花束を贈る弁護士の真意とは？

人生に交渉はつきものです。相談がうまくなると、相手とけんかすることなく、お互いがハッピーな条件で、望むものが手に入ります。

つまらないことで恋人とけんかになって、別れてしまったり、友達とけんかになって、絶交する、なんてことも防げます。

こんなに大事なものなのに、僕らは交渉術について、学校でも会社でも教わっていないんですね。僕も昔は交渉下手だったんですが、うまくいっているいろんな人から教わった交渉術を使って、けっこうな確率で好条件の夢をゲットできるようになりました。

その方法をお教えします。

交渉というと、相手を打ち負かせば打ち負かすほど、自分のほうが有利になると思っている人が多いんじゃないでしょうか。たしかにそういう交渉もあります。

でも自分の夢をかなえるようないい交渉では、まず相手と仲よくなることが最初のステップなんです。なぜなら、交渉が必要なときは、一人では解決できない状況になっているから。

交渉するってことは、自分一人じゃどうにもならない。相手が必要、ということですよね。だったら、そこで孤立するよりも、まずは相手と仲よくなっちゃうのがいいと思います。

これは、とあるパーティで知り合った弁護士の方なんですが、その人の話は衝撃的でした。

弁護士は必ず訴訟相手と交渉します。相手とは敵対関係になるんです。

それなのに、その人は訴訟相手に最初に赤いバラの花束を贈るんだそうです。

「なんでですか？」と聞いたら、その人はキラッキラのまなざしでこう答えてくれました。

「裁判っていうのはね、お互いが戦うんじゃなくて、ともに幸せになるためにあるんですよ。だからこれから両方とも幸せになるために、よろしくお願いします、という意味で気持ちをこめて花束を贈るんです」

「おおおお！」と僕は驚きました。たしかに相手と仲間になったら、喜んで手を貸します。**交渉相手は一緒に問題を解決していく同志であり、仲間なんです。そういう目で見れば、ムダに敵対して、労力を使わないですみます。**

雰囲気を変える魔法の言葉「どうしましょう？」

その弁護士の方が訴訟相手に花束を贈るのは、「対立ではなく問題を共有しましょう」という意思表示です。対立ではなく、共有に導いていったほうが、ともに望むものに近づけます。

問題を共有する、という意味でいうと、世界銀行で働いていた中野裕弓さんという方から教えていただいた最強の言葉があるんです。

それは「どうしましょう?」です。


たとえば僕がレストランを予約したとします。「予約した本田です」って入りますよね。でもレストランの人が「あの、本田という予約は今日、承っていませんけど」と言ったとします。

ふつうだったら「えっ、入ってないの!? 困るな。入ってなくても入れてよ」「今日は満席なんです」とか、もめてしまいます。

そういうとき、中野さんは「どうしましょう?」と言うんだそうです。「どうしましょう?」と言うと、対立しないで、この問題を共有化して、一緒に解決していく方向に向かう感じになるそうです。

で、相手から「どうしましょう? と言われても、席がないものはないので」と返されたら、それでもまた「どうしましょう?」と言うんです。

それをやっていると「えーっと、それじゃ、この席の方があと30分で出られるんで、もうちょっとお待ちいただいたら」とか「うちの店はダメなんですけど、代わりにこの店でしたらお席があるかもしれませんので、いまちょっと手配してみます」とか、やってもらえる可能性が出てきます。

「こーちゃん、問題っていうのはね、お互いが敵対することじゃなくて、お互いにとっていい方向に持っていくためのものなのよ」と教えてくれて、僕はこれを使いまくって、とてもいい思いをたくさんしました。

そのひとつが新婚旅行で世界1周したときのことです。旅先ではいろんなホテルに泊まるんですが、「僕たちはハネムーンで」と言うと、無料で部屋がアップグレードされたり、シャンパンがついてきたり、けっこういい目に遭います。

だから新婚旅行の人には「ハネムーン」と言って予約することをおすすめします。

それでタヒチにも行ったんですが、あそこの水上コテージはお客さんの8割がたがハネムーンです。受付で「We are on honeymoon.」と言っても「I know.」で終わってしまって、アップグレードもありません。

僕らはビーチサイド側のそこそこ高い部屋に泊まったんですが、そこは風呂の湯の出は悪いし、蚊がいっぱい飛んでくるし、けっこうがっかりだったんです。

それで受付のお姉さんのところに相談に行きました。

ふつうだったら、「お湯の出が悪いから部屋を変えてくれ」というクレーム式の相談の仕方をするんだろうけど、僕は〝中野さん方式〟をとることにしました。

「あのさ、僕たちジャパニーズでさ、ここに来るのが夢だったんだ。ここに来れて本当にうれしいよ。ありがとう」とまず「ありがとう」から入ります。そして、

「うちの奥さんは幼稚園のころ、たまたまここの写真を見て、タヒチに来るのがずっとずっと夢だったんだよね。僕は奥さんを喜ばせたいんだ」

と、その話はうそなんですけど、受付の人が女性だったので、妻思いのステキな男性を演じてみました。

「でもさ、僕らの部屋はお湯の出が悪いのと、蚊がいっぱい入ってきちゃって、ちょっとがっかりなんだよね。本当は海側のいちばんいいあの部屋に移りたいんだけど、でも君たちの宿が人気だってのはわかってるよ。無理は承知なんだけど、一緒にうちの奥さんを喜ばせる方法を考えてくれないだろうか」

まさに〝中野さん方式〟の「どうしましょう?」をやったわけです。受付のお姉さんは「わかった。ちょっと待ってね」と調べてくれて、その日、いちばんいい部屋が空いていることをつきとめてくれました。

僕らはそこを見に行って、すごくよかったので、そこに移ったんですが、その部屋は1泊25万円もするんです。いま泊まってる部屋でさえ1泊10万円しているので差額が必要になります。タヒチにはあと3泊するので、15万円×3泊で45万円！

で、僕はもう一度受付に戻りました。

「ありがとう。うちの奥さん、すごく感動してた。君のおかげだよ。実はもうひとつお願いがあるんだ。今度は僕を喜ばせてほしいんだ。ここの宿泊費を全額正規の値段で払うとなると45万だろ？　帰国してから僕は一生懸命働くことになるんだ。奥さんと一緒にいられる時間も少なくなってしまうし、なんとかならないだろうか」

するると受付のお姉さんは「ＯＫ」と言って、本当だったら1泊15万円の部屋代を3日間で2万円アップだけでいい、と言ってくれたんです。

「マジっすか！」という気分でした。翌朝、向こうから「Good morning!」と声をかけてきたので、「Not good morning. It's great morning!」と返したら、向こうもすごく喜んで、シャンパンや果物をいっぱいタダでくれました。

クレームを言って対立するより、「一緒に幸せになろうぜ！」という方向にガイドしていくと、ものすごくいい人間関係が築けて、いい結果がたくさんやって来ます。

この「どうしましょう？」方式は、恋人や友人にひと言不満をこぼしたいときにもおすすめです。頭ごなしに言ってしまうと、相手もむきになって、けんかになってしまいます。

でも**「困ったわねえ。どうしましょう？」と投げかければ、「そうだねえ、どうしよう？」と二人で問題を共有しながら、建設的な解決に向かっていけます。**

うまくいかないときは、一度共感してみる

意見が対立したときや、相手が敵対してきたときはとりあえず一度共感するという方法があります。

友人や恋人、仕事関係者などと全然意見が違っても、「あー、そっかー！」と言ってみるんです。そうすると、どこかで共感できるところが見つかることがあります。

で、一度共感したあと、「じゃあさ、こういうのはどう？」と切り返しをするんです。相手も一度共感してもらっているので、味方になりやすい傾向があります。

僕はすごくデキる営業がどうやって人を説得するのか研究したことがありました。車のセールスでしたが、一人は新人さん、もう一人はものすごくベテラン。両方が代わるにうちに来ていたことがありました。

二人を比べてみると、新人さんは車のスペックをすごく熱心に説明します。一方、ベテランのほうは僕の話を聞き出そうとします。

「車でどういうところに行くんですか？」とか「休みの日は何されてるんですか？」とか。僕が持っている車のことも「この車、大事に乗ってるんですね。だったらまだまだ乗れますよ」とか売る気ゼロにしか思えません。

そして僕の話を聞きながら、深ーく深ーく共感してくれます。最後に「いつか車がほしいタイミングになったら、こういう車もありますので、ちょっとお気持ちにとめてお

交渉は楽しく
バラの花束を贈る
？
どうぞよろしく
一緒に問題を解決する仲間だという意志表示
「どうしましょう？」
？
どうしましょう？
対立するのではなく問題を共有する
「あーそっかー！」「だからこそ！」
そうねー
あーそっかー!! だからこそ!!
一度相手に共感してから切り返す

いてもらえるとうれしいんですけど」という言い方をするので、「もう絶対、この人から買おう！」という気持ちになってしまいます。どう説得するのか？と思って聞いていたのですが、説得するよりも共感する、という大切なことを気づかせてくれました。

だから共感する力は、人間関係にすごく大きい影響を与えると思います。意見が対立しているときこそ、相手に一度共感するのはとても効果的です。

ついでに付け加えておくと、デキる営業のやり方を研究していたとき、すごいゴリ押しの、だけどとっても上手な営業の人がいました。

その人は相手の話をひと通り、全部聞いたあと、「だからこそ！」と言うんです。

その「だからこそ！」に脈絡がまったくなくても、

「だからこそ何々なんです！」と言うと、相手もなぜか自分の意見を受けとめた上での提案、というふうに聞こえてしまうと言いますから、笑ってしまいます。

いい悪いは別として、これは使えるかもしれませんね。人間関係の作り方にはいろんなやり方があるということです。

「どうしましょう？」と投げかけて、問題を共有すると、いい解決策が見つかる。

相手と意見が一致しないときは、とりあえず共感してみよう。

12

行動すると「自分の先生」が見つかる

人生はカンニングし放題

プロローグにも書きましたが、**夢をかなえるには、先に夢をかなえちゃった人に方法を聞くのがいちばんです。**自分でゼロからやるのではなく、できちゃった人から聞いたほうがラクだし、てっとり早いと思うんです。

人生ってカンニングし放題なんですよ。

僕も、和平さんに出会っていろいろ教えていただいたことが、その後の人生を大きく変えることにつながりました。「これは」と思う自分にとっての先生に出会って、相手から気に入ってもらえたら、もう成功の半分は手にしたようなものだと思います。

でも輝いている憧れの先生は、いろんな人からアプローチを受けます。そういう中で自分のことを気に入ってもらえるには、やはりコツがあります。

まず大前提として、先生は行動しないとあらわれません。

僕たちは先生に出会ってから動き出すということをやりがちですが、これだとなかなか出会えないんですよ。

行動していくと、さまざまな壁に突き当たります。この壁がいいんです。**壁を通じて、自分はいま何がわからなくて、何を経験したらいいのかがわかってきます。「わからないこと」がわかってくると、誰が先生なのかがわかります。**

ここが大切なんです。

でも「わからないこと」をわからないままにすると、誰に聞いていいかわからないし、誰が先生なのかも見えなくなってしまいます。そういう状態だと、せっかく先生が通っても、気づかないで素通りしてしまいます。

だからわからないままでいいんです。わからないまま行動していいよって思うと行動しやすくなりませんか？

そして壁に当たったら、面白いタイミングで登場する先生に甘えればいいんです。実は**「わからないまま行動すると夢がかなう」**なんて面白いと思いませんか？

先生にかわいがられる〝秀吉のぞうり〟作戦

「これは」と思うすごい人に出会えたときはどうすればいいか。相手が喜ぶことを先読みしてやっていくのがいちばんだと思います。これを僕は〝秀吉のぞうり〟作戦と呼んでいます。

秀吉が織田信長のぞうりを自分の胸元に入れて温め、出世した話は有名ですね。

僕はこの話から、「相手の要望を先読みして、やれることをやろう」と学んだつもりだったのですが、和平さんは「ぞうりを温めただけで、天下がとれるのだ！」と読みとったそうです。

要するに、歯を食いしばって頑張らなくても、ぞうりを温めただけで天下がとれる。もっとラクにやれるってことなんですけどね。

やっぱり大富豪が感じることは凡人の上を行くと感心しました。

ともかく、先回りして〝温めて〟おくと、いろいろな人からかわいがられて出世します。それだけで天下がとれることもある。

だから**いろいろな人に会ったとき、この人が喜びそうで、かつ自分も喜んで提供できることは何だろうと考える**ことです。

そのひとつが「リアクションをよくする」です。先生が教えてくれたとき、すでに知っていることでも、初めて聞いたかのように「そうなんですか！　それは知らなかったです！」と世間で言うところのナンバー1キャバ嬢みたいにリアクションする。そうすると、みんなうれしくなってどんどん話してくれますよ。

人は自分のことを話して、相手を感心させたいんです。とくに自分の武勇伝を聞いてもらうのがうれしい。相手の武勇伝を、目をキラキラさせながら、「ほぉっ」「はあ～」と感動して聞くのは超おすすめです。

ではリアクションがあまり得意ではない人はどうしたらいいのかというと、文章にうったえるのもいいと思います。

僕の友人で、顔に出すのが苦手な男がいて、いつも無表情なので「こいつ俺のこと、嫌ってるのかな」と思ったことがあります。でもその友人が別れたあとで手紙をくれて、その手紙がけっこう感動的でした。

けっして上手な字でも文章でもなかったのですが、デジタルですませるのが当たり前のこのご時世に、わざわざ手書きで書いたものを切手を貼って送ってくれるという手間と気遣いに感動しませんか？

リアクションがうまくできない人は、手紙や文章でフォローを入れるといいんじゃないかと思います。

リアクションと似ていますが、フィードバックも大切です。

「あなたのおかげで成長できました」とか「その通りにやってみたら、びっくりするくらい人間関係がよくなりました」とか「○○さんのお話があまりに素晴らしかったので、周りの友人に伝えたら、みんな幸せになりました」とか、そのあとどうなったのかというフィードバックをするのです。

先生からしてみると、「この人に話せば、この人の周りもよくなるんだ」と思えるので、「この人」にしゃべりたくなります。

だから**おすすめなのは、教わっていいなと思った話は周りに言いふらすことです。言いふらしてどうなったのかまで伝えると、先生はものすごく喜びます。**

やはり人は、打てば響くような人のほうをひいきしたくなるんですよ。憧れの人からかわいがってもらいたければ、「その結果、どうなったのか」というフィードバックはぜひやってほしいと思います。

魔法の質問「どうやったらあなたのようになれますか？」

先生を感動させる魔法の質問があります。それは「**どうやったら、あなたのようになれますか？**」です。

こう言われると、自分の人生を丸ごと肯定されたような感じになりませんか？　目をキラキラさせながら、「どうやったら、あなたのようになれるんですか？」「どうやったら、あなたのように生きられるんですか？」と聞いてみる。

僕は20代終わりから30代にかけて、「これは」と思う人に、この質問を聞きまくったことがあります。

ちなみに、これはテレビで言ってたのですが、ナンバー1キャバ嬢はよくこの手の質問をするそうです。10秒くらいまばたきしないでいると、適度に目がウルウルしてくるので、効果てきめんらしいです。


人は自分が情熱を傾けた分野や夢を持ってチャレンジした分野に興味を持って聞いてもらえると、すごくうれしくなって、どんどん話してくれます。

僕にもこんな経験があります。


ある平日の朝早く、19歳の男の子がアポなしで僕の自宅に突然やってきました。

「友人から聞いたんですけど、本田さんはオーストラリアを自転車で走ったそうですね。僕もこれから自転車でオーストラリアに行こうと思うんですが、どういう装備にしたらいいか教えてください!」

いきなりのアポなしだし、こっちはこれから会社に行かないといけないのに、「おいおい、おまえ、ふざけんなよ!」という感じです。

だけど「おまえもオーストラリアに行くのか」と思うと、とたんにスイッチが入っちゃいましたね。大事な仕事があったんですが、会社に「ちょっと午前中は行けません」と電話を入れて、一緒に自転車屋さんに行きました。

「この装備じゃ、ヤバいなあ。最低でもこのバッグは買っとかないと。なに、金がない？　まあ、しょうがねぇなあ。俺がプレゼントしてやるわ！」

結局、丸1日会社を休んで、彼の装備を一式そろえることになりました。これで気がついたのは、**自分が夢を持って、情熱を傾けてやった分野に、次に来る人がいると、ものすごく教えたくなる**ということです。

その青年が実際にオーストラリアに行って、旅先からハガキで写真を送ってきたときなど、超うれしいんです。

だから、自分が何かをやろうとしたときに、すでに情熱を持ってやりとげた人に聞くと、案外喜んで教えてくれます。

ただし注意点をひとつ。相手が迷惑がっていたり、教えてくれなかったときは、しつこくしないこと。僕も百発百中で先生を口説けたわけではないので、「この人にとって、いまはタイミングじゃないだろうな」と思ったら、さわやかに去るというのはすごく大事です。

先生に完璧を求めない

メンターも人間ですから、完璧な人はいません。僕もあるとき、仕事でものすごくうまくいっている社長から教えを受けたことがあります。商売の話はすごいんですが、「俺、結婚4回目だよ」と言うのを聞いて、この人からビジネスを学んだら最高だけれど、プライベートを学んだら僕も3回離婚しそうだ、と思ってビジネスをメインに教わりました。

またあるときは、たくさんの信奉者がいるすごい人の講演会を聞きに行ったのですが、レストランで裏の顔を見てしまったことがあります。

講演では「眉間にしわを寄せて、への字口の顔はいけない」と言っていたのに、レストランでお弟子さんたちを集めて反省会をやっているときの顔を見たら、本人はもちろんお弟子さんたちも、みんな見事に眉間にしわが寄っていました。

だからメンターに完璧を求めてはいけません。「人間だから仕方がないよね」と許す器も必要です。**メンターに完璧を求めると自分も完璧にならなければいけないので、つ**

らくなってしまいます。

人も教えも万能なものはありません。この人からはこういうところを学んで、この人からはこれを学ぼうという学び方をして、いるところ、いらないところをはっきりさせるのが大切だと思います。

相手が喜ぶことを先読みしてやると、メンターにかわいがられる。

「どうやったらあなたのようになれますか？」と聞くと、喜んで教えてもらえる。

13

肩の力を抜いて、人にアクセスしよう

嫌われてもいい、嫌ってもいい

肩に力が入りすぎた状態で人に近づいても、相手は重さを感じてしまうので、敬遠されてしまいます。とくに恋愛関係ではこの重さは大敵です。

「この人に嫌われたらどうしよう……」とへっぴり腰で近づくと、ますます嫌われてしまうんですよ。結局自分も相手も疲れてしまって、いい人間関係や恋愛が築けない。チャンスや運も回ってこないので、夢にもなかなか近づけないというわけです。

人間関係を作るとき、緊張したり、肩に力が入ってしまう人は、思い切って、**「人から嫌われてもいい、嫌ってもいい」と開き直ってしまうと、とてもラクになります。要するに、人を嫌う自分、嫌われる自分にＯＫを出してしまうんです。**

僕も以前は人に嫌われたくないので、ブラックな自分を隠してきました。ゲスな自分を出すのは、本当に限られた友達や仲がいい人に限られていたんです。

でも3年くらい前に心屋仁之助さんと親しくなって、心屋さんとのやりとりでは相当ブラックな自分も出していました。

そしたら心屋さんが、「こーちゃん、それ表に出したらいいやん！」と言うんです。

「いやいや、僕はこれから公の活動もしていきたいし、いろんなところで活躍したいんで、好感度を下げたくないし、できれば人から『さすがですね』と言われるようになりたいんですよね」

と言ったら、心屋さんから、

「そんな自分の才能と真逆のことをやってどうすんねん」

と言われて、「それもそうだ」と思い直して、ブログやコメントなんかでも少しずつブラックな自分を出すようにしたんです。

そしたら「いいね！」が面白いようにつくんですね。**嫌われてもいい、嫌ってもいい、と自分にOKを出すと、人間関係が超ラクになるし、実はそのほうが意外と人には嫌われないものだったりします。**男女関係の場合は、よそゆきの顔を見せているより、逆に距離が縮まったりします。

それで万が一自分の本当の姿をさらして、離れていってしまう人がいたとしたら、そういう面倒くさい人とは早く離れたほうがいいんです。

人間関係に我慢は必要ありません。無理する人間関係からいい結果は生まれてきません。少しずつでいいので、ブラックな自分も含めて、自分を出していったほうが楽しい人間関係になります。

具体的に言うと、すごく親しい人や家族の前でしか出さない自分ってありますよね。そういうキャラを思い切って仲よくなりたい人の前でも出していくんです。

それを相手がどう受けとるかというと、「裏表がない人だ」という印象になります。

人は自分を隠しているとうさんくさい感じに思われます。そういう人には心も財布も開こうという気にはなりにくいですよね。

でもゲスい自分も含めて、ありのままの自分にOKを出すと、魔法がかかったように、異性との距離が縮まったり、いい友達がたくさんできます。

〝不幸体質〟から抜け出すと、仲間に恵まれる

そもそも〝不幸体質〟の人は我慢しますが、〝幸せ体質〟の人は我慢しません。〝不幸体質〟の人は打たれ強くて、不幸への忍耐力がとてもあります。嫌な人が来たら、「よーし、頑張ろう」と挑戦します。

でも〝幸せ体質〟の人は打たれ弱いし、嫌なことや不幸に耐えられません。嫌だな、と思ったらすぐ降参します。

世間では野心ある若者向けの本なんかに、「より険しい道を行け！」みたいに書いてありますけど、僕はお金持ちになればなるほど真逆だってことに気づいたんです。

嫌いなもの、嫌な人、不幸なものからは逃げていいんです。

自分にムチ打って戦うより、ゆるく優しくしてあげようということなんですね。そのほうが友人関係や異性との関係もラクに、優しくなれますし、人生も軽やかに生きられます。

みなさんは自分にムチを打ったほうが、夢に近づくためにより活動的に動けると思うかもしれませんが、それは無理をしているだけですからね。人は馬じゃないんだから、

ムチでたたいて動かしたって仕方ないんです。

ぐっすり寝たほうが動けるじゃないですか。だから人間関係でも、嫌なものは引き受けなくていいし、自分に無理してカッコつけたり、頑張らなくていいんです。


でも、世の中には「逃げちゃいけない」「逃げたら負け」と思う人が多いんですね。自分がつらいのに、頑張ってそこに居続けてしまう。まさに〝M〟の不幸体質の人です。

僕もこの間、あるイベントに出席したら、近くに座った人たちがずっとペチャクチャしゃべっていたんです。

うるさくて話が聞こえないんですが、本田晃一だと〝顔バレ〟していたので、「うるさい、黙ってくれ」とは言えません。向こうの席が空いていたので、そちらに移動しようと思いましたが、「なんで、こいつらのために俺があっちに移動するわけ?」と腹が立って、自分の中で葛藤していたわけです。

あとで、「ちっちゃい自分!」と反省したんですが、なぜこれがいけなかったのかというと、「逃げたこと」と「自分の価値」をリンクさせてしまったからなんです。

席を移動するってことは、あいつらに負けたんだとか、あいつらより俺の価値が低いってことかとか、よくわからないものとリンクさせてしまったんですね。

でも、よく考えたら、「逃げたら負けなら、負けてもいい。逃げたことと、自分の価値をリンクさせない」ってことなんです。

どこにいても、どんなことをしていても、自分は自分。価値は変わらないでしょう？　だから、自分の価値を外からの評価と切り離そうということです。

そして**自分に対して優しく対応していると、周りも優しく対応してくれます。**自分で自分にムチ打たなくても、本当は社会も友人も恋人もびっくりするくらい優しいんです。

「嫌われてもいい、嫌ってもいい」と思うと、自然体で付き合える、ステキな仲間と出会える。

14

恋愛関係には男言葉、女言葉の翻訳が必要

親のステキだったところを聞いてみる

世の中にはいろいろな男女の結びつき方があるので、他人がとやかく言うことではないかもしれません。でも基本的に僕は、**男女間を含むすべての人間関係は「楽しさ」で結びつくのが、うまくいくコツ**だと思っています。

どれだけ楽しさで結びつけるかが、親しさの深さとリンクしてくると思います。

では、相手と「楽しさ」で結びつくにはどうしたらいいか。まずは、相手にこんな質問を投げかけてみましょう。

「お母さん（お父さん）のどんなところがステキだった？」

それを聞いた上で、「ステキ！　私もやってみたい！」と言って、同じことをすると一気に相手から好かれます。これ、ほんと、効果あります。

たまに相手から「うちの親、全然いいとこ、ないんだよね」と言われてしまうこともあります。そういうときは「理想の親ってどういう人？」とか「自分のお母さんがこうだったらいいなっていう理想像とかある？」と聞き出してみるのです。

ある男性は女性から「理想の父はアニマル浜口」と言われたんだそうです。「気合だ！　気合だー っ！」と全身全霊でぶつかってくれる人がいいみたいですね。

だから僕はその男性にこうアドバイスしました。「かなり暑苦しく応援すると、すごくホットな関係になれると思うよ」。

お父さん、お母さんにしてもらってうれしかったことや、してもらいたかったことをパートナーにやってあげると、すごく喜ばれます。面白いでしょ？

逆に相手の「悲しかったフォルダー」の内容を聞いて、共感するという方法もあります。人はなぜ悲しいのかというと、そばにいてくれなかったからなんですね。だから相手が「いてくれようとしているんだ」とわかると、悲しみは癒えていきます。

「そっか、それは悲しかったよね」とか、「その場にいられなくてごめんね。ごめんねっていう気持ちでいっぱいになっちゃった」などといった感じで言えば、相手の悲しみは成仏していきます。

このとき間違ってもやってはいけないことがあります。くれぐれも、ジャッジやアドバイスをしてはいけません。

「こうすればよかったんじゃない？」などと言ってはダメなんです。相手の悲しみの庭に土足で踏み込むようなことはしないほうがいいです。

ただただ聞いてあげるだけ。**相手の「悲しかったフォルダー」がパカっと開いたときは、深くうなずいて聞いてあげればいい**と思います。

女は共感してほしい生き物、男は認めてほしい生き物

みなさんは、基本的に自分がしてほしいことを相手にしていると思います。基本的にそうすれば人間関係はうまくいくはずです。でも実は、**男と女ではしてほしいことが違うん**ですよ。

女性は共感してほしい。

男性は認めてほしい。

よくあるのが、女性が落ち込んでいるときに、男性が「よかれ」と思って、いろいろ解決策をアドバイスしてしまうこと。

女性はただ話を聞いてほしかっただけなんです。でも男性は具体的な解決策を示して、「すごいだろ」と言ってもらいたい。お互いに意思疎通ができなくなるので、「男と女はしてほしいことが違う」と心に刻んでおきましょう。

この基本が理解できていると、使う言葉も変わってきます。**女性にとって最上級のほめ言葉は「かわいい」です。**でも男性に対して「かわいい」はあり得ない言葉なんです。

男性に「キャッ！　かわいい！」なんて言うと、女性はほめたつもりでも、男性はバカにされた、と気分を害する人だっているかもしれませんよ。

男性にとって最上級のほめ言葉は何かというと「カッコいい」なんです。最上級のほめ言葉がお互いに違うんですね。

だから女性が男性をほめるときは、意識して「かわいい」を「カッコいい」に変換してみるといいと思います。それだけで相手の受けとり方が全然違ってきます。

「男言葉」「女言葉」にちゃんと翻訳して伝える必要があるんですね。この間、僕の奥さんの友人がとてもためになる話をしてくれました。

その家では、女性が仕事からクタクタに疲れて帰ってきても、旦那さんの靴下は脱ぎっぱなし、洋服は散らかっているし、当然のごとくご飯のしたくもしていなかったそうなんです。「さて、これをどうしたものか」と奥さんは考えたらしいんですね。

それで3年かかったんですが、見事に旦那さんを教育できました。どうやら、靴下が脱ぎっぱなしでも「すごーい！　今日は靴下が洗濯機に近づいてる！」と、ほめたそうです。

「すごーい！」とそこからスタートして、カップラーメンを作っただけで「すごーい！美味しい！」、焦げた目玉焼きが置いてあったときも、「すごーい！　ちゃんと焼けてる！」と男性を認めてあげていたら、最終的にちゃんと靴下を洗濯機に入れるようになったし、料理も作るようになったらしいです。

男性に対しては、否定しないで「すごーい」「カッコいい」と認めてあげる。女性に対しては、ジャッジしないで、ただ「わかる」「よく頑張ったね」と共感してあげるのがとても大切だと思います。

それで僕からひとつ提案なんですが、友達同士や職場で「ホストクラブとキャバクラごっこ」をしてみたら面白いと思います。「男言葉」「女言葉」の使い方の練習になって、とても役に立つと思いますよ。

男性はホストになったつもりで「わかる、わかる」とうなずいてあげる。女性はキャバ嬢になったつもりで、「すごーい、すごーい！」と言ってみる。

僕もよくセミナーのワークで、これをやってもらいますが、言っているほうは「バッカじゃないの」と思っていても、言われているほうは意外に気持ちよくなります。

こんなちょっとしたことで、男女の距離が縮められるんです。

なお、男性には「カッコいい」、女性には「わかる」と言うといいと紹介していきましたが、もちろん例外もあります。

とはいえ、多くの場合は、このパターンが多いと思うので、参考にしてみてください。

「愛されスイッチ」と「怒りスイッチ」を知らせる

あなたは何をされたり、言われたりすると、「愛されてるなぁ」と感じますか？　反対に何をされると「イラッ」とするでしょうか？

万人に共通する「愛されスイッチ」「怒りスイッチ」はありますが、それ以外にもその人特有の「愛されスイッチ」「怒りスイッチ」があるんです。

これをされるとうれしくなるとか、これをされると怒っちゃうな、という「取扱説明書」ですね。これをあらかじめ相手に開示しておくといいと思います。ついでに相手のも教えてもらっておくと、よけいな地雷を踏まずに、相手の「愛されスイッチ」を連打できます。

たとえば僕の場合、けっこう時間厳守な人なんです。だから、締め切りギリギリになるとイライラするんですね。これを先に相手に言っておくんです。「パツパツのときに僕に話しかけると、もっとパツパツになるからね」とか。

平常時に自分の取扱説明書をちゃんと開示しておけば、それだけでお互いがかなりラクになります。相手の取扱説明書も聞いておいて、「こういうときはうれしくて、こういうときはダメなんだよね」とシェアしておけば、すごく快適な関係が築けます。
これは恋愛関係だけではなく、友人関係や仕事仲間など近しい人間関係にもすべて通じます。自分たちの機嫌がいいときに、定期的にお互いの取扱説明書をシェアし合っておくのが、円満な人間関係を続けるのには、とても役立つと思います。

男性には「すごい」「カッコいい」、女性には「かわいい」「よく頑張ったね」が最高のほめ言葉。

「自分の喜ぶポイント」「イライラするポイント」を伝えておくと、いい関係を保てる。

3 Chapter

カッコよく使えば、お金はどんどん入ってくる

お金との上手な付き合い方

15

本気で喜んでいる人に所有権は移る

お金は夢をかなえる魔法の杖

僕は、「お金」を夢をかなえる魔法の杖だと思っています。お金で夢や幸せは買えないというけれど、お金があればけっこうな夢はかなってしまいます。本音を言うと、8割の幸せはお金で買えてしまうし、9割の不幸はお金で回避できちゃいます。

だから**みなさんにはまず、「お金があればうれしくね?」と思っていただきたいんです。**豊かな人たちや夢をかなえている人たちはみなお金を楽しいものと思っています。

「お金に執着するのはみっともない」とか「お金は汚い」とか「お金はトラブルの元」とか、その人が育ってきた過程や経験から作られたお金に対する暗いイメージはいろいろあると思いますが、まずはお金に対してネガティブなイメージを払拭《ふっしょく》するといいと思います。

といっても、長年培われたイメージをいますぐポーンと変えられるほど簡単なものではないかもしれませんね。ですから少なくとも「お金ってうれしい」「お金で夢はかなうんだ」「お金は魔法の杖だ」と思っている人がいる、ということを知っておいてほしいんです。

もうひとつ、お金についてイメージを変えてほしいのは、お金の使い方を磨くことです。そうすれば、お金は使うほど入ってきます。

自分が心底ときめくものにお金を使うと、不思議とお金は減らず、むしろ増えたりします。逆に、あまり好きでないものに使うと減ってしまう。

でも、注意してくださいね。「衝動的にほしい！　好き！」と思うものと、「本当に好き」なものって、実は全然違うんです。これはやっかいですが、好きとかときめくものと混同してしまいがちなんですね。

これは、恋愛に例えれば、「ワンナイトラブ」と「ずっと続く恋愛」くらいの、大きな違いです。

突発的なほしいものに振り回されてしまう人は、お金がどんどん足りなくなる。お金を使って、その瞬間は満たされても、そのあとは全然満たされないんですね。だから、もっと衝動的に買ってしまう。そして、「お金がない」状態の悪循環が続いていくんですね。

お金の使い方については、このあとで詳しく説明しますが、とにかくお金を使うときは、「嫌だ」とか、「惜しい」というネガティブな思いで使わないこと。

渋々お金を出すと、お金はどんどん減っていきます。

でも「楽しい！」と思ってハッピーに使う。「お金さん、僕を幸せにしてくれてありがとう。イエーイ！」と言いながら、喜んで使うと楽しいお金として戻ってきて、減る感覚がありません。

火縄銃が社会の先生の手元に渡ったわけ

本気で望めば望むほど、夢は近づきます。**お金や豊かさも同じです。いちばん本気の人、喜んでいる人のところに集まるようになっています。**

それを見事に体現した話があるんです。僕がまだ高校生のころでした。世界史を教えていた先生が昔の道具や武具が大好きでした。

たまたまうちに火縄銃があったので、その話をすると、先生は「ぜひ見てみたい」と懇願してくるのです。「いいっすよ」と言って、新聞紙にくるんで学校に持っていきました。

先生は超喜んで、「これ、1週間くらい借りていい？」と言います。「全然、いいっすよ」と言って渡したら、先生はうれしくてうれしくて、火縄銃をピッカピカに磨いてくれました。

うちの親は「そんなに喜んでいるんなら、あんたが高校にいる間は、ずっと先生に預けておけばいいじゃない」ということになって、先生に貸したままにしていました。

いよいよ高校3年生になって、僕が卒業を迎えるころになると、先生はとても悲しそうでした。僕と別れるのが悲しいんじゃなくて、明らかに火縄銃を返さなきゃいけないのが悲しいんです。

親に言ったら、「そんなに先生が大事に思ってくださるんなら、先生にさしあげたらいいんじゃないの。私たちが持っているより、先生が持っていてくれたほうがハッピーでしょう」と意外な展開になりました。

よく考えてみれば、うちとしてもそのほうがありがたかったんです。家にあっても邪魔なだけですから。

所持許可証などの手続きを経てから先生にあげて、火縄銃は無事、先生の手元に落ち着きました。先生が喜んだことといったら！　大の大人があんなに喜ぶ姿を、後にも先にも僕は見たことがありません。

結局、いちばん喜んでいる人、喜び上手な人のところに所有権は移るんですね。

先ほどお話しした北原照久さんも、おもちゃをめちゃくちゃ大事にするんです。だから僕ももしブリキのおもちゃなんかを見つけたら、いのいちばんで北原さんにあげるでしょう。北原さんがものすごく喜ぶのがわかっているので、自然とおもちゃが集まるようになっているんですね。

そういえば、こんなこともありました。僕が日本人の友達6人とオーストラリアを貧乏旅行したときの話です。アデレードという街にストリップ小屋があったんです。

僕らはまだ22～23歳の青春どまん中でしたから、「行こう！　行こう！」という話になって、みんなで勇んで見に行きました。

ところが、中に入ったはいいものの、初めて見る外人のお姉さんの裸に、僕らは恥ずかしくなって、下を向いちゃったんですね。

ところが英語が全然話せない友達が一人いて、そいつだけが「グレート！」「カモーン！」とか知ってる単語だけを並べて、大喜びしているんです。

お姉さんはそいつの前でしか踊らない。次のお姉さんが来てもやっぱりそいつの前でしか踊らない。

そうか、ストリップのお姉さんも人を喜ばせたいんだ、と気がついて、そこで僕が学んだのは「喜ぼう」ということです。

喜んだら、幸せがいっぱい来ます。喜んだら、ストリップもいっぱい見られたんです。

だから**「これがほしい！」と思ったら、「自分がいちばん喜ぶ自信がある」というくらいに、喜べると思っていると、ほしいものがやってきます。**

ということは、お金だって同じなんです。喜べる人のところに夢や豊かさは集まります。だからほしいもの（お金とか）がやってきたら、素直に喜んでください。誰かから「あげる」と言われたら、遠慮なく受けとりましょう。

受けとって、めちゃくちゃ喜ぶと、お金がどんどん入って来るようになります。

豊かに幸せになるには、まず「お金はポジティブなもの」と思うようにしよう。

誰よりも喜ぶ人の元にお金は集まる。

16

使い方を磨くと、お金はどんどん入ってくる

自分と人を喜ばせるほどお金は集まる

ふつうの人は、お金を貯めてから使おうとするんですが、使ってから入ってくる世界もあります。お金持ちはその達人なんですね。

高校のとき、僕らはオートバイがほしくて、みんな必死でバイトをしていました。でもある日突然、「俺、40万くらいのオートバイがほしい」と言い出した同級生がいて、そいつの家は金持ちでも何でもなかったのに、どうにかして40万円のバイクを買ってきたことがあります。

先に使い道を決めちゃうと、あとからお金が入ってくる。そういうことがけっこうあるんですね。

つまり、**夢や目標を先に掲げて、使い方を提示すると、お金が入ってきやすくなります。**僕も大人になってから、「使い方を決める」→「お金が入る」という順番に気がつきました。

ただし、どんな使い方でも入ってくる、というわけではありません。どんな使い方を掲げればいいのかというと、人を上手に喜ばせる使い方です。

自分も含めてより多くの人をハッピーにできる使い方を決める。ハッピーにできればできるほど、お金は入ってきます。

僕はオーストラリアを自転車で回っていたとき、最初はサックスを積んで走っていました。たんに「カッコいいから」という理由だけだったんですが、めちゃくちゃ重くて、「なんでハーモニカにしなかったんだろう」とあとで後悔したくらいです。

とにかくお金が心細くなると、道でサックスを吹いて、投げ銭をもらっていました。ところがサックスを吹いても、思うようにお金が集まりません。

あるとき、おじいちゃんがスタスタとやってきて、「なんでおまえ、こんなところでサックス吹いてんの?」と聞いてきたので、「僕の夢はオーストラリアを自転車で1周することなんだけど、お金がなくて。だからサックスを吹いてお金をもらいたいんです」と答えました。そしたら、いきなり100ドルをくれたんです。100ドルですよ。100ドル！

やべえ、夢を語ったら金になるんだ！　と思いました。

それからは、たれ幕に「マイドリームイズ、オーストラリアを回ること。だけどお金がありません」と書いて、サックスを吹きました。すると、どんどんお金が集まってきたんですね。

夢を語ったら、お金が10倍に増えました。

僕にお金をくれた人は、「自分に1ドル使うより、こいつに1ドルあげたほうが喜びが大きいだろうな」と思ったから、僕にお金を出したんです。そして大喜びする僕にお金を出したことで、出した人も幸せになります。

つまり**お金は喜びがより大きいところに流れていって、かつ、そういうところに流れたお金はお金を出した人にとってもうれしいんです。**

400円を使うのに、アフリカの子どもたちに寄付をするか、スタバでコーヒーを一杯飲むかだったら、寄付したほうが500倍くらい喜んでもらえます。

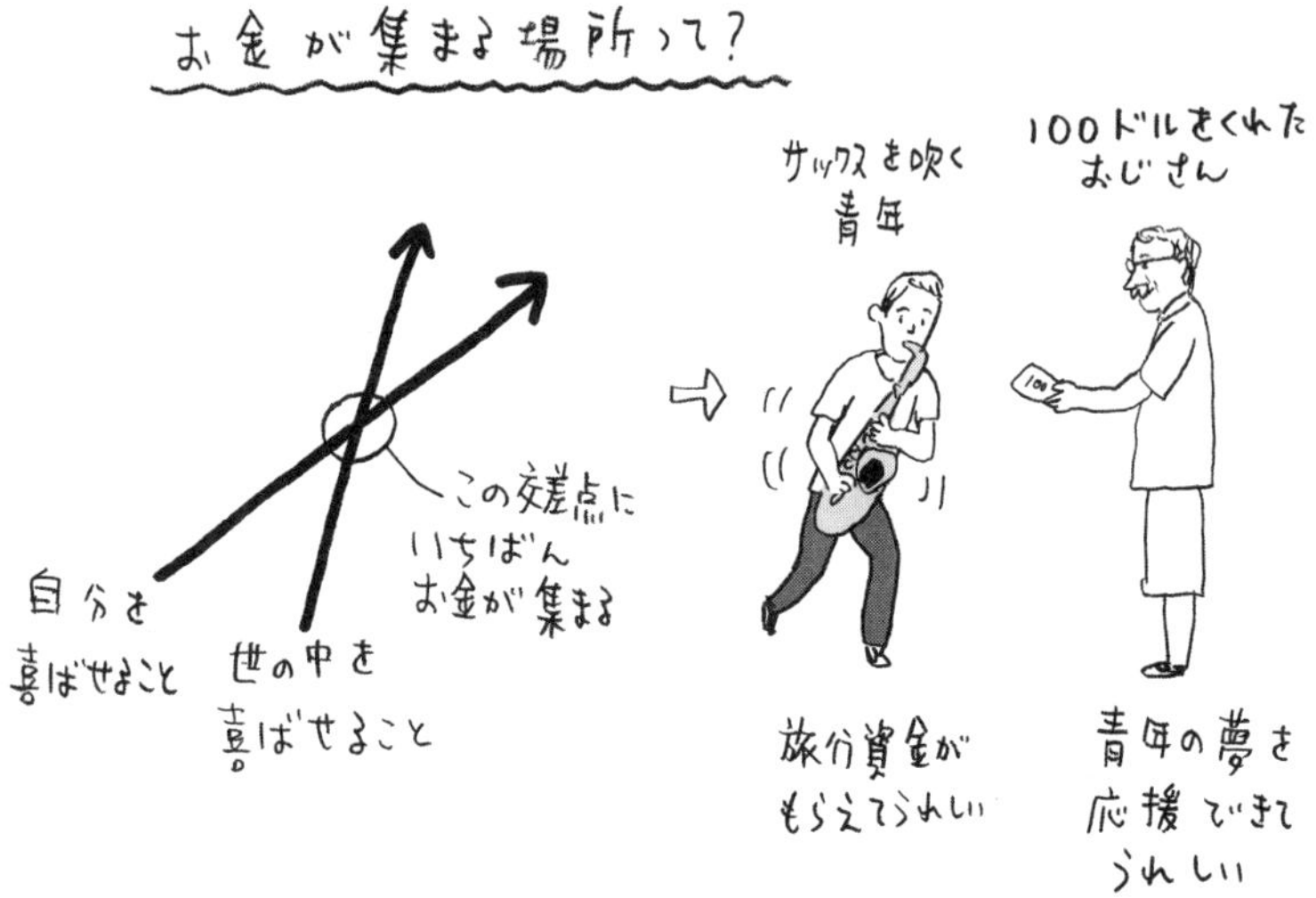
お金が集まる場所って?
自分を喜ばせること
世の中を喜ばせること
この交差点にいちばんお金が集まる
サックスを吹く青年
100ドルをくれたおじさん
旅行資金がもらえてうれしい
青年の夢を応援できてうれしい

そう思えるから、コーヒーを飲まずにアフリカの子に寄付するし、寄付したことで自分も少しうれしくなります。

と思っていたら、スタバでコーヒーを飲むと、コーヒー生産地にフェアトレードとして農園の運営を支援できる対価が支払われるそうです。これを知ってから、コーヒーを味わいながらアフリカなどに思いをはせるようになりました。

だからスタバは、世界中で多くの人の心をつかんでいるのですね。

だからお金は、「人」が喜ぶことに使ったほうが楽しいと思うんですよね。

ということは自分を犠牲にして、人を喜ばせるためにお金を出すと苦しくなってしまいます。ちゃっかり自分も喜ばせましょう。

先ほどお話ししたオーストラリアのおじいさんも、僕に100ドルくれることで自分もハッピーになれるから、お金を出したんです。

「自分にとってハッピーなこと、それをやるのが楽しいこと」と「相手の人や世の中が喜ぶこと」のその交差点にいちばんたくさんお金が集まる場所がある、と僕は思います。

たとえば、お金をチョコレートに置き換えて考えてみるとよくわかります。3人の子どもに僕がチョコレートをあげるとします。

1番目の子に僕が「はい、チョコレート」と渡したら、その子は本音はチョコレートがほしいんだけど、「いや、虫歯になるからいらない」と言って受けとりません。

2番目の子は「わーい、おじさんありがとう！」と言って自分だけチョコレートを食べます。

3番目の子は「わーい。おじさんありがとう！　家に帰って、弟と妹にもわけるね」と言って家に持って帰って、弟妹たちにわけてやります。

みなさんだったら、どの子にたくさんチョコレートをあげたいと思いますか？

チョコレートをお金に置き換えてみれば、どういう人にお金が集まって、どういう使い方がいちばん満足感があるのかよくわかりますよね。

ラクして稼いで、ラクに使うのが最高

プロローグにも書きましたが、世の中にはラクに稼いでいる人もいるし、苦労して稼いでいる人もいます。苦労して稼いだ人の教えは、ラクして稼いだ人の話より重みも説得力もあります。ただし、苦労をして稼いだ人の教えに従うと、自分も苦労をともないます。

問題は自分がそれをしたいかどうかです。

たしかに世の中には「苦労して稼いだほうが美徳だ」という風潮がありますが、ラクして稼ぐこともできるんです。だって、周囲を見回しても、ラクして稼いでいる人がたくさんいるんじゃないでしょうか。

僕はよくマリーナに行きますが、船を持っているお金持ちの人の中には、毎日ほとんど遊んで暮らしている人がいます。最初はかなり衝撃を受けました。

彼らと話してると本当に楽しいので、僕は「もしかしたらラクに稼いでいいんじゃな

いか」と思えてきました。すると、楽しく稼げて楽しく使えるようになってきました。

苦労して稼いで使うと、相手も苦労して使っているように見えるので、人から巡ってきにくくなります。つまりお金が入りづらくなるので、なかなか豊かにはなりません。

だから一度、お金をラクに使ってみることをやってみるといいと思います。本当は「ラクに稼ぐのか、ラクに使うのか」どっちが先でもいいんですが、「ラクに使う」ほうがやりやすいと思うので、こちらをやってもらえたらな、と思います。

これはお金を使う練習ですので、思い切りいきましょう。

「これくらいの金額だと、ちょっと苦しいかな」と思えるギリギリくらいのところで、ラクに使うチャレンジをしてみようと思います。

僕はこの間、心屋さんに「こーちゃんは、なんで自分のためにお金を使えないの？」と言われて、リッツカールトンの1泊8万5000円の部屋に泊まってみました。

奥さんと泊まるときは10万円とかの部屋でもアリかもしれませんが、自分一人で高い部屋に泊まるのはあり得ないと思ってました。僕はバックパッカー上がりですから、8

人部屋とか平気で泊まれるし、ビジネスホテルでも十分幸せです。

でも自分一人のために8万5000円の部屋に泊まってみる実験をしたら、すごく自由になりました。お金の制限がひとつはずれて、自由になった感じがしたんです。

そもそも豊かさはムダから生まれます。絵や音楽だって、ムダと言えばムダですよね。1泊9800円のビジネスホテルでもいいのに、あえて8万5000円のリッツカールトンに泊まってみる。壮大なムダだけれど、豊かさに包まれます。

リッツカールトンの部屋で一人泊まって思うわけです。「どんだけ寝返りを打っても、こんなに大きなキングサイズのベッドはいらねえしな」って。

でもだんだん楽しくなってくるんです。そういう豊かさが、ラクして夢をかなえることにつながっていくんじゃないでしょうか。

お金を使う儀式をすると人生が変わる

お金は喜んでいる人のところに、ひゅうっと集まってくるので、**お金を使うときは、できるだけラクに、楽しく、喜んで使うようにするといいと思います。**

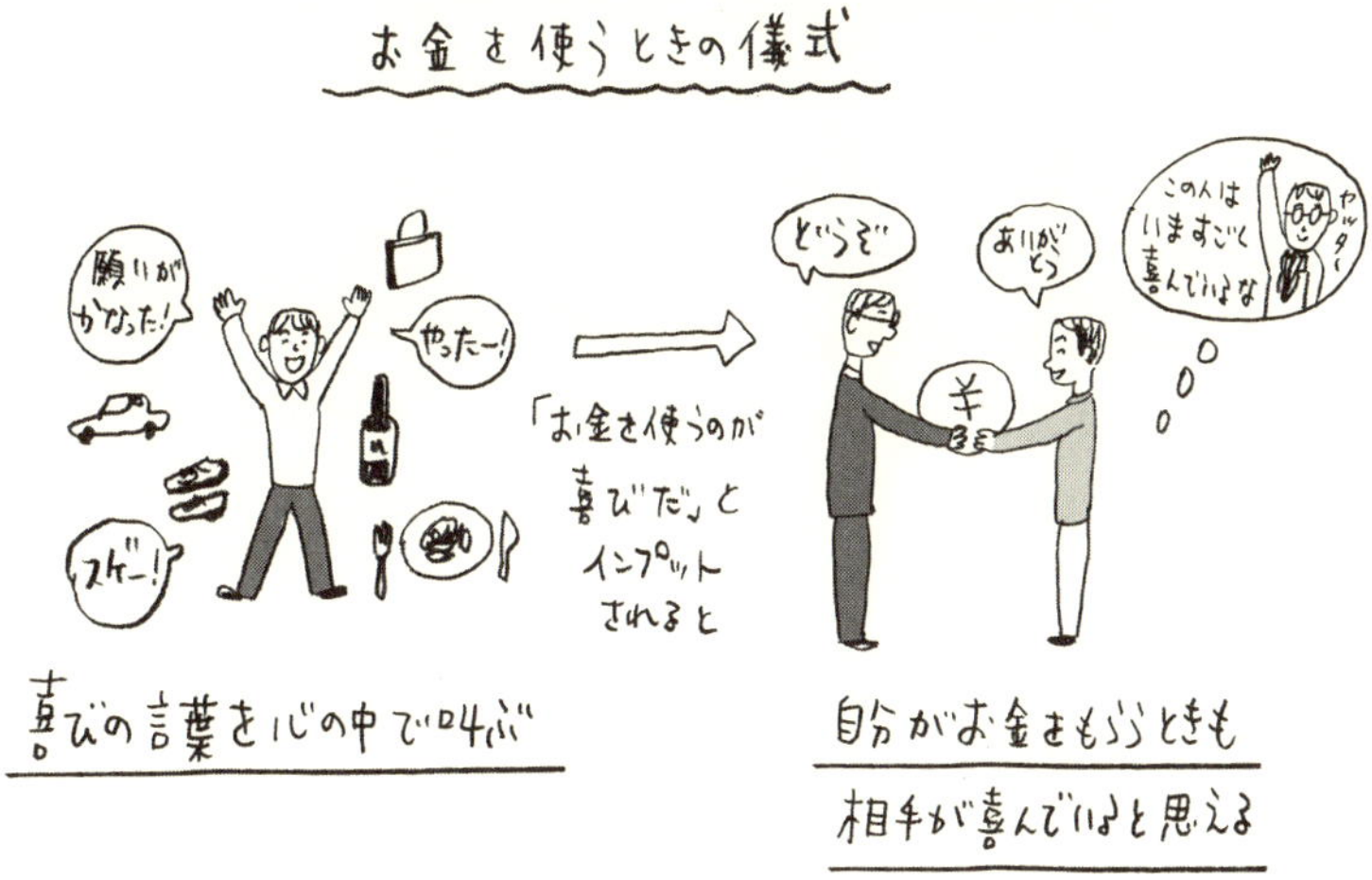

僕自身も、お金を使うときは、心の中で「すげー！」「願いがかなった！」「ヤッホー！」と叫んだりしています。

この言葉をセットにしてお金を使うときの儀式にする。すると、お金を使うことが喜びだと自分にインプットできます。

なぜこんなことをするのかというと、今度自分がお金をもらう番になったときに、お金をくれた相手に「私、この人、喜ばせちゃった、キャッ！」と思えるからです。

「こんなにいただいちゃって、いいんでしょうか？」ではなくて、「この人、こんなにくれちゃって喜んでるんだ。私はこの人を喜ばせたんだ」と思えると、もらいやすくなります。そういう人のほうがお金持ちになりやすい感じがしませんか？

お金は苦労して集めるものと思っていると、集めるのも使うのも渋々になります。ネガティブな思い込みをはずす意味でも、**お金を使うときは「すげー!」「願いがかなった!」「ヤッホー!」と叫ぶくせをつけておくと、ラクにもらえて、ラクに使える人間になれます。**

最初に使い道を決めることで、お金は貯まる。

楽しく使うことで、「楽しいお金の循環の輪」ができる。

17

お金の流れが見えると使うのが楽しくなる

お金が流れる先を見る習慣をつける

お金を使うときつい渋ってしまう人は、お金の流れを見る習慣をつけるのがおすすめです。

僕は若いころ、ドライブがてらよく釣り宿に泊まりました。別に釣りをやるわけではないんですが、2000円くらいで泊まれちゃうところもあって安かったんです。で、ある釣り宿によく泊まるようになりました。その理由というのが、その宿のおかみさんがいつも小さい子どもをおんぶして、もう一人の子の手をつなぎながら、懸命に切り盛りしていたからなんです。

その姿を見て、「どうせお金を使うなら、ここで使おう」と思ったわけです。僕が払ったお金が、子どもたちのご飯やおもちゃ代になると思ったら、うれしくなりますよね。

それでパッとひらめいたのが、父の会社のホームページのコンテンツについてです。社員紹介をしようと思っていたんですが、ふつうならスーツを着て、真面目な顔で紹介の写真をとると思いますよね。

でもその釣り宿からヒントを得て、あえてうちの社員が子どもをあやしているシーンとかをとったんです。するとその社員に指名でゴルフ会員権の注文が入るようになりました。

「もしこの人にお金を使ったとしたら、この人の子どものお菓子やおもちゃになるんだろうな」と思ってもらえると、払ったお金の流れが見えるので、気持ちよく払えるようになるんですね。

だからみなさんも、いまこの瞬間から、そういう視点で世の中を見てほしいと思います。**自分が出したお金はこんな感じで流れていって、こんなふうになるんだろうな、と空想でかまわないので、想像してみる。**

そういうくせで世の中を見ていくと、お金がそこら中に流れているのがわかります。

その点、和平さんはお金を流す達人でした。和平さんの誕生日、2月4日に赤ちゃんが生まれた人は、和平さんへ出生証明書を送ると、純金のメダルがもらえました。日本中、誰でもですよ！　全然知らない人でも、とにかく出生証明書をつけて送りさえすれば、和平さんから赤ちゃんに純金が届きます。「おめでとう」って。

「どうしてそんなことをするんですか？」と聞いたことがあります。和平さんはニコニコしながら「だって、こーちゃん、生まれたときに純金をもらったら、親はツイてると思うがね。そういう親に育てられた子どもが20歳になったとき、自分のことをどう思うがね？　ツイとると思うがね。わしにとってこんなに面白い投資話がほかにあるかね」

和平さんにとって、純金メダルを送ることは、お金を流して幸せをリターンする〝投資〟だったんですね。

和平さんは毎年、純金をもらった親たちから届く山のような年賀状を見ては、「ありがとね、ありがとね」と幸せに包まれていました。

お金を流して、その先を想像する。そんな習慣がつけられたら、お金はラクに使えるようになると思います。

悪いお金が流れてきたらどうするか

お金の流れは喜びだから、自分もその先を想像しながら喜びで流してやる。その流れはいいとして、もし自分に悪いお金が流れてきたら、もらわないほうがいいんでしょうか？

僕は一時期、そういう考えになったことがあります。自分はきれいなお金しか受けとらない。きれいに受けとって、きれいに流す浄水器みたいになるんだって。

でも途中から「あ、何でもいいや」となりました。もちろんあえて汚いことはしないけれど、自分のところに来るお金がどんな流れで来るかなんて、しょせんわからないことなんです。

たとえば悪い人が悪いことをやって、お金を稼ぐとします。それをどこかで使っても、使った先の人が幸せになることだってあるんだから、それはわからないわけです。

僕から見たら悪いお金かもしれないけれど、全然違う人から見たらいいことかもしれない。だからあんまりこだわらなくてもいいと思います。

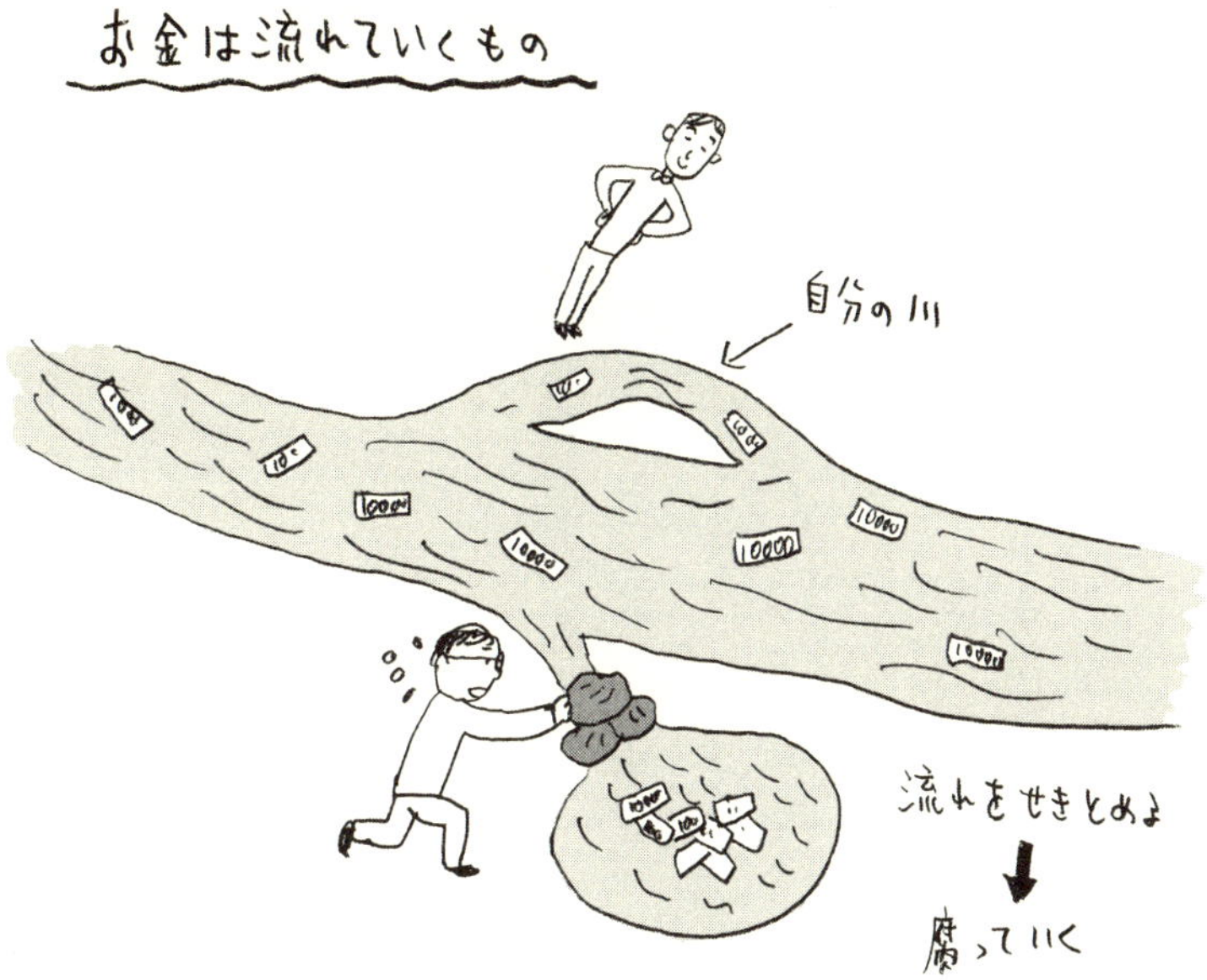

ただ流れてきたお金を自分のところでまっ黒な汚いお金にしなければいいだけです。

これは次の法則の貯金のところでふれますが、お金を手に入れるのにものすごくストレスたっぷりだったり、人をだましたり、自分を苦しめたりしていると、そのお金はマイナスのエネルギーだらけでまっ黒になります。

肥だめみたいなもんですね。こんなのを抱えているのは嫌ですよね。だからある程度貯まると、耐えられなくなって、「流してしまえ」ということになります。

世間で言うところの詐欺やギャンブルで稼いだお金は、まっ黒なので、抱えているのが嫌なんです。だから無意識に散財してしまう。

お金を流しているんだけれど、けっして幸せな流し方ではありません。もちろんそうやって流れたお金も、流れた先で誰かを幸せにしたり、喜ばせたりするかもしれませんが、少なくとも流した自分が幸せではない。

そういう使い方はしないほうがいいですね。

お金は自分を経て、ただ流れていくだけ

お金の流れが見えるようになると、お金が出ていくのがこわくなくなります。お金は一か所にとどまらないで、動いていくものだとわかるからです。

そうなると、お金はどこかから流れてきて、どこかへ流れていくもの。だからこそ、「俺の川を経由してもいいんじゃない？」という気持ちになります。経由してるから減らないんです。


ところがお金の流れがわからない人は、お金を人から奪って自分のところに貯めよう

としまず。そして流れをせきとめるから、よどんで腐っていきます。「肥だめのお金」になってしまうんですね。

でも**流れを信頼している人は「流れてるよね。減らないよね。自分を通過しただけだよね」と思えるので、いつでも自由に汲みに行けるし、いつでも自由に手放せます。つまり〝受けとり上手〟になるし、お金を楽しく使えます。**

自分のところに流れてきたお金を、清流のように、いかにサラサラ流していくかがポイントになります。

最初に使い道を決めることで、お金は貯まる。

自分の使ったお金の「行き先」を意識すると豊かになれる。

18

楽しくお金を貯めている人の考え方をインストールする

なぜ、収入が増えているのに貯金が増えないのか？

ある人から「収入が増えたのに、どうして貯金は増えないんだろう？」と素朴な疑問をぶつけられたことがあります。

たしかに収入が3倍になったら、貯金も3倍になるはずなのに、そうならない人が多いように思います。どうしてなのかというと、理由のひとつは自分がエアコンの温度設定みたいに、「貯められるのはこの金額」と決めてしまっているからだと思います。「1億円の貯金？　無理無理」「頑張っても30万あればいいほうかな」みたいな感じです。

そうやって「この金額」とフィックスしてしまうと、お金が貯まってきたな、というタイミングで、「あれ、車ぶつけちゃった」とか「財布、落としちゃったよ」というようなことが起きてしまいます。

お金って、自分が決めた設定以上に貯まらないことになっているんですね。だからお金を貯めたかったら、この「温度設定」をいじる必要があります。

ちなみにお金持ちにはこの「温度設定」がありません。和平さんの奥様は「通帳のお金を使っても使っても減らない」なんておっしゃってますからね。

お金持ちには「温度設定」そのものがないんです。いくらあるのがふさわしいとか、いくらあれば十分だとか、そういう発想自体がない人が多いように思います。

お金が貯まらないもうひとつの理由は、どういうお金を貯めるかなんです。そもそもお金は喜びですから、貯金も喜びの集まりにならないといけないんですね。

ステキなことをして稼いでいると、ステキなお金が貯まります。

人を喜ばせたり、自分が楽しみながら稼いでいると、貯金は「どれだけ人を幸せにしたか」「どれだけ自分がハッピーだったのか」というスイートメモリーになります。

通帳を見ているだけで幸せになるようなステキなお金ですね。だからもっと「喜び」

がほしくなって、お金がたくさん貯まります。

でもこれが人をだまして得たお金だったり、ものすごく苦労して、ストレスをいっぱい溜めて稼いだお金だったりすると、貯金はおぞましいものの集合体に思えます。

さっき「肥だめ」と書きましたが、まさに通帳を開いても、そこに肥だめがあるかのよう。こんなもの、誰だって見たくないですよね。だから使っちゃうんです。

深層意識では「貯まってほしくない」と思っているお金です。だから貯まらないというわけです。


これに近いのが、ケチにケチを重ねてお金を貯める人です。こうやって我慢して貯めたお金は「ケチ」「我慢」「辛抱」というつらさの結晶になってしまいます。人をだまして稼いだのと同様、ダムにはつらい〝我慢の水〟が貯まっています。全然楽しくありません。

結局、超我慢して貯めたお金は苦しくなって、反動で使ってしまうんです。ダイエットのリバウンドと同じですね。

ラクに夢をかなえたかったら、ケチケチしてはいけません。

お金持ちはケチだと言われますが、ラクして、ステキに稼いでいるお金持ちにケチな人はいません。お金＝喜びと考えると、ケチや我慢、辛抱は豊かさと正反対の考え方になるはずだと思いませんか？

貯金は「喜びのダム」にする

まず大前提として、貯金は喜んで貯められるものだと考えればいいなと思います。「喜びのダム」にならないと、貯めていても楽しくありません。

ラクして夢をかなえている人は、みんな楽しみながら、喜んでお金を貯めています。「貯金は喜びのダム」なのだと知るとうれしくありませんか？

貯金に多い勘違いは、貯金が多い＝頑張った証、だと思ってしまうことです。「こんなに貯まったのは、自分が頑張った証拠だ」とか。

でもこういう考え方をすると、「喜びのダム」ではなく「頑張りのダム」になってしまうんですね。それだと頑張れなくなったとき、とても大変になります。

ダムに何をためるかが問題
ヒドい!
人をだましたお金
これもどうぞ
ありがとう
人を喜ばせたお金
つらい思いをして得たお金
肥えだめの様なダム
流したくなる
喜びのダム
もっとためたくなる
「つらさ」「我慢」のたまったダム
流したくなる

一度頑張ると、そのパターンがなかなか崩せません。だから頑張って、頑張って、頑張って、最後にダムが決壊して、全部なくなる、なんてことにもなりかねません。

やっぱり**貯金は喜びのお金、「喜びのダム」にするのがおすすめです。**

そのためにはどうしたらいいのかというと、「頑張らないのに貯まる」という設定を自分にインストールすることです。

ラクにお金を稼いでいる、幸せな人は、みなこの設定です。

「好きなようにお金を使ってるんだけど、ふつうに貯まってるじゃん。イエーイ!」とか「全然努力してないけど、なぜかお金が貯まってるな」とか。

実際、そうなっていなくてもいいです。気分だけでもそうなってみる。そうすれば、お金を使うときもあまりネガティブな気持ちにならずに、豊かな使い方ができます。

人と自分を喜ばせるような豊かなお金の使い方をすると、お金はそこに集まってきます。だってお金は喜ぶ人のところに集まるようになっているんですから。

もし喜びながらお金を使っても増えなければ、それは本当の喜びではないかもしれません。たとえば誰かによく思われたいとか、人の目を気にしすぎて自分の本当の気持ちをないがしろにしている可能性があります。喜んでお金を使っても増えない場合は自分の本当の気持ちや純粋な喜びに気づいてあげてくださいね。

自分の喜びの純度を上げて総量を大きくしていくと、夢がかないやすくなります。

ところがこれができない人が多い。僕も受けとりが下手でした。

たとえば「1万円、さしあげます」と言われても、「いえいえ、そんなお金は受けとれません」と拒否してしまう。

お金持ちはまったく反対です。何の遠慮も、ためらいもなく、やってきた幸せは素直に受けとります。

ある研究者がニューヨークで、道行く人に片っ端から1ドル札を配る実験をしたそうです。興味深かったのは、1ドル札を受けとったのは、お金持ちが多かったということです。貧乏な人ほど警戒したり、はなから偽札だと疑って、受けとらなかったというんです。

「なるほどな」と思いました。ラクに喜びを受けとれる人は、ラクにダムに喜びが貯まっていきます。

「ラクに受けとってはいけない」「ラクして稼いではいけない」という〝受けとり下手〟をやめることです。それがラクに夢をかなえる人の考え方です。

自分の貯められる金額の上限を決めない。

ステキなことをして貯めたお金は、ステキなままで増えていく。

19

思い込みの天井をはずして、収入を増やす

ノミの天井を突き破れ！

お金が貯まらない人には、無意識な思い込みが収入にブレーキをかけていることがあります。この思い込みがエアコンの「温度設定」になって、お金の入り方にストップをかけているわけなんです。

ノミの天井の話、知ってますか？　ノミを小さなガラス瓶に入れておくと、はねてもガラスの天井にぶつかるので、そのうち瓶の高さ以上には飛び上がらなくなります。そのノミを広いところに放すんです。どれだけ飛びはねても、天井はないので、ぶつかりません。でもノミは小さな瓶の高さ以上に飛び上がろうとしないんですよ。

本当はビューンと高く飛び上がれるのに、チマチマとしか飛ばない。自分で「これだ

け」と思い込んでいるからなんですね。

お金がほしいと思っているのに、なかなかお金が入ってこないときは、無意識にノミの天井を設定していることが多いんです。入ってくる収入に勝手に天井をもうけて、「これくらい」と決めているんですね。

この〝天井〟は無意識に設定しているので、一度意識化させることが大事なんです。「そもそも、これくらいって決めている思い込みは真実だろうか?」と。

無意識に〝天井〟を設定してしまうのは、さっき言ったみたいにブレーキをかけているからなんだけど、そのひとつが「父親の収入を超えてはいけない」というものなんです。

過去の自分の収入を調べてみると、不思議と父親、もしくは母親の収入を超えないようにしている場合があります。自分がいい息子や娘でありたいと思うと、「親の人生を正当化させたい」という気持ちが働くんですね。

もしも親より稼いでしまったら、親の人生がショボく見えてしまう。これは親孝行の息子や娘としてはやりたくないことなんです。

ましてや好きなことでラクに稼いでしまったら、「お父さん、あんなに苦労して稼いだのに、私がラクして楽しいことで稼いじゃったら、お父さんが苦労した意味、ないじゃん」と思ってしまいます。

すると、無意識に「自分はもっと苦労して、収入は少なめにしよう。そしたらお父さんの人生は素晴らしいものになる」と思うわけです。

こうやっていい息子、いい娘を演じて安心する……って、ちょっと変じゃないですか？　親の人生を正当化したい＝自分の人生を親よりショボくする、という図式。

だからこれを書き換えるんです。いい息子、いい娘でいることを逆手にとるんです。

僕も親になってよくわかるんですが、本当の親孝行は子どもが幸せに生きること。ということは、子どもは親より稼いでもいい。親より幸せになって全然、いいんです。

どんどんラクに稼いで、どんどん幸せになって、楽しいことをたくさんやればいい。

なんだ、ブレーキなんていらないじゃん。天井なんてなかったんだ、そう気がつけば、どんどん前に進めます。すると、お金もスムーズに入るようになります。

うそじゃありません。そうやって楽しく、お金を稼いでいる人がたくさんいます。妙な思い込みのブレーキをはずすようにするといいと思います。

アリとキリギリス、どっちが幸せ？

とはいっても、なかなか自力で思い込みのブレーキがはずせない人もいます。そういう人は少々荒療治ですが、ちゃぶ台返しで、反対側から考えてみるやり方がおすすめです。

たとえば僕は子どもに童話の『アリとキリギリス』の話をこんなふうに教えています。「キリギリスさんはね、バイオリンばっかり弾いていたんだよ。でもアリさんがそれを聴いて、疲れが吹き飛んだって喜んでくれたんだ。キリギリスさんはアリさんからエサをもらってね、それを食べながらもっと楽しい演奏をしたら、世界中のアリさんが聴きに来て、アリさんもキリギリスさんもみんな幸せになったんだよ。めでたし、めでたし」

だからみなさんも、変な思い込みがあるときは、自分でいまみたいなちゃぶ台返しのストーリーを作って「めでたし、めでたし」とやってください。

そうすれば、薄皮1枚くらいははがれると思います。

「なんだ薄皮1枚くらい」と思うかもしれませんが、これだけでも人生は変わります。「薄皮1枚でもはがれたら大きいんだ」と思ってもらえたら、よりお金持ちになって、夢がかなう方向に進化していくんじゃないかと思います。

ちゃぶ台返しのもっとも過激なものは、「それはないだろう」というお金の使い方をすることです。

エアコンの「温度設定」でこの温度と決めてしまっているわけですから、それを変えるには、「それはないだろう」という思い切った設定をしてみるしかありません。

「それはないだろう」という世界は言い換えると、「そんなもので稼ぐのはあり得ないだろう」という世界です。

自分に許可していないものがやってくるわけはありませんから、「それはないだろう」を「それでいいんだ」に変えてください。

そうすればそこから豊かさが入ってきます。気温20度と30度では見える世界が全然違うんです。

具体的にどうするのかというと、絶対に買わないだろうという高価なものを買ってみるとか、貯金残高がヤバいな、というときにこそ寄付をしてみる、などがおすすめです。

お釈迦さまもお弟子さんたちに、家々を回って御布施をもらう托鉢という修行をさせるときに、「できるだけ貧乏な家を回りなさい」と言ったそうです。

貧乏な人は他人に与えられるものなんかありません。「絶対に与えられないだろう」と思い込んでいる。

でもそういう人でも御布施をする機会を与えて、「それはないだろう」ということをさせるんですね。

そうすることによって、世界観が変わることをお釈迦さまは知っていたんです。

ラクして豊かになることにOKを出すと、そういう自分になれる。

20

自分はお金をもらってもいい存在なのだ！　と思う

苦労して得た自己重要感に注意

働いていると、お金以外に「自己重要感」が出てきます。とくに苦労して認められた場合は、この「自己重要感」がなかなか手放せないんですね。

僕は高校生のとき、ファストフード店でバイトをしたことがあります。やっているうちにハンバーグを焼くのがどんどんうまくなって、店長も「おまえ、すごいな」と言って、16歳の僕をリスペクトしてくるんです。

すると僕はそこを離れたくなくなっちゃうんです。最低賃金に近い時給で働いていて、ほかに割のいいバイトがあるのに、ほめられるとお金より、そっちのほうが目的になってしまいます。

僕以上にデキる人間が出て来ると困るので、ハンバーグの焼き方は絶対教えないとか、ほかのバイトがいいアイデアを言ってきても、「それ、あんまりいい考えだと思わないっす」とかモグラたたきのように、ポコポコたたき始めます。

これは執着の世界なんですね。**苦労して得た「自己重要感」が満たされる世界に、い続けたくなる気持ち。これをずっとやっていると、収入も増えないし、仲間も増えないし、けっこうドツボにはまってしまうことがあります。**

そうならないためには、自分が得たスキルをみんなでシェアして、全員がスキルアップする道を選べばいいんです。「本田くんのおかげで店がすごく回るようになったよ。ありがとう」と言われて、臨時ボーナスをもらえたほうが、よほどハッピーだし、収入も増えます。

いちばんいいのは、自分のスキルを教えてあげて、自分がやっている仕事を誰かにまかせることなんです。ラクしてお金を手に入れる＝自分の代わりに誰かに働いてもらうことなんですから。

お金持ちと付き合う達人は、相手に「自己重要感」を与えるのが上手な人です。自分が持っているものをどんどん人に与えて、相手にスキルアップしてもらう。

自分が「自己重要感」に酔うんじゃなくて、人に「自己重要感」を与えるのがうまい人です。するとと相手も恩返しをしようとしてくるので、仕事がうまく回るようになります。

こんなふうに**「自己重要感」を「与える」練習をすると、人生がガラッと変わってきます。それができるようになるには、「自己重要感」がなくてもいい、と思えるかどうかなんですね。**

自分にはそんな「自己重要感」必要ない＝自分が満たされちゃってる、なんです。満たされていないと「自己重要感」に執着します。

これはセルフイメージのところとも関係しますが、セルフイメージが低い＝頑張る、セルフイメージが高い＝頑張らない、ですよね。

セルフイメージが高くて、自分が満たされていれば、「僕、バカなんです」さえ堂々と言えるので、「仕方ないですね」と助けてくれる人があらわれて、他力の追い風が利用できるんです。

自分の「体」に贅沢をさせるという発想

セルフイメージが低い人は、自分に使ったお金をムダづかいだと思っています。「こんな私にお金を使うなんて、ムダづかいだわ」と無意識に思っているんです。

ムダづかいだと思うのは、自分の存在を「ムダ」だと考えている証拠です。こんな「ムダ」にお金を使うのだから、ムダづかいそのもの。いくら有意義にお金を使っても、その対象が自分である限り、すべてのお金はムダ使いに思えてしまうんです。

まるでドブにお金を捨てているのと同じ感覚ですね。ドブにいくらお金を入れても、ドブはドブのままですから。

自分に使ったお金をムダ使いと思うのは、自分を「ドブ」と決めつけているようなものです。それではいくら頑張っても永遠に豊かにはなれません。

自分の存在を素晴らしいと思っている人は、自分に使ったお金をムダ使いだとは思いません。どんな贅沢をしたとしても、自分はそれにふさわしいと思っているので、ムダ使いにはならないんです。

贅沢＝ムダ使い、ではありません。だって、私は贅沢にふさわしい人間なんですから。

これもセルフイメージと密接に関係しています。自分で自分のことが好きでいれば、贅沢はムダになりません。でも自分のことが嫌いだと、贅沢はムダ使いになります。で、贅沢がムダだと思っている限り、自分はムダな存在なので、セルフイメージは低くなって、豊かにはなれない。

だからこれをひっくり返すと、豊かになりたいんだったら、セルフイメージを上げて、ムダ使いを贅沢に変える、ということになるんですが、セルフイメージはいきなり上がらないので、どうするのかというと、**ムダ使いを贅沢に変える、というところから始めればいいんだと思います。**

つまり、ムダと思わずに贅沢をしてしまう、自分にお金をかけてしまうということなんです。

「それができないから、困ってるんだよ～」と大声が聞こえてきそうですね。ちょっと待ってください。こう考えたらどうでしょう？

あなたの心と体を切り離してみてください。あなたの心が入っているこの「体」は器と同じ。神様からの大切な預かり物です。

だったら、この〝器〟はすごく大切に扱ってあげないといけない存在ですよね。

「体さん、いままでありがとう。いっぱい大切にするよ〜。これからもよろしくね〜」

そんな気持ちをこめて、贅沢をしてみたらどうでしょう。**あなたが贅沢するんじゃありませんよ。あなたの「体」さんのために贅沢をするんです。**

どうです？　これならできそうな気がしませんか。そして「体」に「ありがとう」と感謝する気持ちが持てれば、「ありがとう」のところにお金はちゃんと戻ってきます。

これならセルフイメージが低くても、贅沢ができるんじゃないでしょうか。

そうやって少しずつ練習していって、自分のために堂々と喜びながらお金が使えるようになると、豊かさもやってくるようになります。

「お金をもらっていい存在なんだ」と、自分を大切に扱うと、お金が入ってくる。

4

Chapter

胴上げしてもらえば、ワープスピードでうまくいく

仕事で夢をかなえる方法

21

仕事は、仲間を集める「この指とまれ」スタイルで

「仕事ができる」と、「人生が豊かになる」は違う

仕事がうまくいくことが夢をかなえることだと思っている人もいます。

でも僕は「仕事がうまくいく」ことより、「人生をハッピーに生きる」ほうを大事にしています。あくまでもプライベートの幸せが第一です。

仕事は僕にとって「ハッピーな人生を後押ししてくれる存在」にすぎません。もっともそんなことを言っている僕も20代後半のときはものすごく仕事をやっていて、「俺って有能なビジネスパーソン！　イェーイ！」という時代がありましたけどね。

たしかに仕事をしていると、なかなか会えないような人と知り合えたり、新しい刺激があって、中毒になってしまいます。まさに仕事は、中毒性があるゲームなんですね。

そうなると、人生のうち98%ぐらいが仕事で、プライベートがぐちゃぐちゃになります。仕事では最強でも、メンタルはボロボロという人をたくさん見てきました。

たとえば30代前半の人で、フェラーリを3台持っている人がいたんです。「マジ、すごい！　ついていきます！」と思ったことがありましたが、身近に接しているうちに、この先には僕がほしい幸せはない！　というのがわかってきました。

だから僕は途中で軌道修正をしたんですが、「仕事ができる」というのと「人生で幸せ」「夢がかなう」というのとは少し違うと思います。

仕事を人生の主人公にしてはいけません。仕事はあくまで「幸せに生きるため、夢をかなえるためにうまく活用するもの」です。そうしないと何のために働いているかわからなくなります。ほんと、〝お山の大将〟って気持ちいいんです。

そこにやられてしまうと、落とし穴にはまってしまいます。

自分をいちばん大切にすれば、仕事はうまくいく

仕事は基本「他人のご機嫌とり」。他人を気持ちよくさせるとお金が入ってきます。お

金＝喜びですから、どれだけ人を喜ばせたかが、入って来るお金の量に比例します。

とはいうものの、自分が気持ちよくなかったら、人を気持ちよくできないんじゃないかと思います。自分を満たすことのほうが大事だよ、ということを知ってほしいと思います。

えらい人になればなるほど、「どんどん他人を喜ばせましょう」と言うし、「人を喜ばせれば、自分もすごくうれしい」というのは事実なんですが、まだそのレベルに到達していない僕にとっては、まず自分が満たされていることが先だったりします。

自分のコップが満たされていないのに、他人のコップを満たすのって、難しいんですよね。だから**まず自分を満たして、自分がハッピーになってから、人を喜ばせる。この順番だったら僕レベルの人でもうまくいきます。**

自分をハッピーにすると、「あいつ何か楽しそうだな」と人が集まってきます。僕の子どもが4歳だったころ、幼稚園で誰かがどんぐり拾いに夢中になっていると、みんなそこに集まるんだそうです。誰かが楽しそうにすべり台をすべっていると、みんなそこに行くんだそうです。いちばん楽しそうな人のところに人が集まるわけですね。

「この指とまれ」ビジネスをめざす
この指とまれ!
楽しいな!
人は楽しそうなところに集まってくる

仕事もそう。「あいつと関わったら、楽しそうだな」という雰囲気があれば、仲間がどんどん集まってきます。

仕事は一人では限界があるので、サポートを得ながらやるのが正解だと思います。

そのためには、自分を満たす仕事のやり方をするといいと思います。僕が仕事をやるときに何を大事にしているのかというと「楽しい」か「楽しくない」かです。

どうやったら自分が楽しめるか、自己満足の探求といってもいいでしょう。仕事は気が乗らないとうまくいきません。だから、楽しいことを追求して、自分を満足させる。

そして「これをやってると楽しいから、この指とまれ！」とやれば、楽しそうな人のところに人が集まるので、仲間もお客さんも寄って来る、という仕組みです。

僕はオーストラリアを放浪したあと、九州から東京までヒッチハイクで帰ったんですが、ヒッチハイクにもコツがあります。

たとえ雨が降っていても楽しそうな笑顔！「あいつを乗せたら面白そうだな」みたいにやると、乗せてくれる車がつかまりやすいんです。

上げた指から「幸せ感」「楽しさ感」がにじみ出ている。そうすると、「この指」がとりもちみたいな感じでトラップになって、人を引き寄せるわけです。

そんなふうに**「この指とまれ」的なビジネスをめざすと、自分を満たして人も満たせるいい循環が生まれてくる**と思います。

自分を大切にして、楽しく仕事をする人のところに、いい仕事仲間がやってくる。

22

小さな池でメダカを奪い合うより、オンリーワンをめざそう

「複合化」でオンリーワンができる

どうせ仕事をするなら、楽しく、ハッピーにやりたいものです。楽しさやハッピーさを仕事の基準にすると、「ライバル会社」がいなくなります。

そう思ったのは、前に和平さんの会社で社長をやらせてもらった経験からです。

和平さんはタマゴボーロというお菓子を製造する会社を経営していらっしゃいました。僕はその会社の専務に「この商品はどういう流通で回っていて、ライバル業者はどんな感じで販売しているのですか」というのを聞きまくっていました。

すると後ろから和平さんがやってきて、「そんなことをせんほうがええ」と言います。

そして、ライバル会社のパッケージを指しながら、「この会社の食いぶちがなくなるよ」

と、続けるわけです。

結局、小さい池でメダカを奪い合っていてもしようがないんですね。お互いに苦しくなってしまうだけ。そうではなくて、**もっと大きな池を自分で作るか、またはほかの人の邪魔にならないところにとりに行けばいい。**

そのほうが仕事はうまくいくし、みんなハッピーになります。

そのためには真似されないようなクリエイティブなものが必要になってきます。

自分の独自性を出していって、「他の人が真似しない、真似できない」「お客さんを奪ったり、奪われたりしない」、もっと行くと「真似されるくらいのものを作り上げれば、市場が新たに生まれ

て大きく発展する」ということを磨いていくといいと思います。

どうするのかというと、ポイントは「複合化」です。人はひとつの才能ではなく、いろいろなものを持っています。それを掛け合わせることによって、独自性が生まれます。

たとえば僕は昔、経営コンサルタントをしていました。経営コンサルタントなんて、世の中にいっぱいいます。その中でどうやってライバルと奪い合わないで、仕事ができたのかというと、僕の独自性を出したからです。

すなわち「まだ誰もホームページで販売することを知らない時代に、ネットでゴルフ会員権を売ってました」という先見性と、「チャリンコで世界中をフラフラ走っちゃうような自由人です」という自由さを掛け合わせてしまったんです。

すると「この人から人生を楽しみながら、仕事もうまくいく方法を学びたい」というお客さんが来るようになりました。

一見、何の関係もない事柄を掛け合わせることによって、独自性が生まれるんです。いろいろな経験をすればするほど、複合化できる才能が増えるので、その人のオリジナリティが磨かれます。

スルーしているものの中に「才能」が隠れている

ところが人は自分が持っている才能や独自性になかなか気づかないんです。ほとんどの人が見事なまでに自分の才能をスルーします。

人からほめられても「いやいや、それほどじゃありませんから」「いや、○○さんのほうがステキです」とか。

僕も昔はそうでした。「こーちゃんのこういう教えはすごくいいと思う」と言われても、「ああ、それは○○さんから聞いたことだから」と、せっかくほめられてもスルーしてしまいます。

昔、「マトリックス」という映画がありました。その中で主人公のネオが弾丸を避けるシーンがあるんですが、あんなふうに、人がほめているのに、その「ほめ」をヒョイヒョイと避けてしまうんです。

そういうの、やめたほうがいいですよ。ほめられたのを素直にそのまま受けとるんです。

「○○さんてすごいですね」と言われたら、「おう！　ありがとう。すごいだろ」と、こそばゆいですが、言ってみます。

そうすれば、自分の才能が自覚できます。**才能は自覚しないと磨かれませんが、自覚した瞬間から勝手に磨かれていきます。**

それらを掛け合わせて、複合化していくのです。すると、自分でも想定外のオリジナリティが生まれてきます。

僕のセミナーに参加してくださった方の中にこんな人がいました。恋愛や結婚のコンサルタントやセミナーをしている女性でしたが、どうやって自分の会社の独自性を出したらいいかわからなくて悩んでいました。

話を聞いてみると、講師を務めているのは男性で、その人の夫でした。女性講師ではなく、男性が講師を務めている点に、すごく大きな独自性があると思いませんか？

さらに興味深かったのは、その女性が夫のことをとても尊敬しており、幸せな結婚生活を送っている点でした。

「結婚して、私幸せなんです」という人が結婚のコンサルティング会社を経営しているのは、立派なアピールポイントになります。さらに〝ご自慢の夫〟を未婚女性の前に出して、講師をさせるというのは、夫婦の間にものすごい信頼関係がある証拠です。

そんなステキな夫婦から恋愛や結婚のノウハウを聞いてみたくなりませんか？　本人は気がついていないのですが、僕がちょっと聞いただけでも、オンリーワンの魅力がボロボロ出てきます。

こんなふうに自分では当たり前だとスルーしているところに、自分の才能やオリジナリティが隠れていることがあるんですよ。なので人からほめられたり、評価されたことはスルーせずに、即受けとって、それらを複合的に組み合わせるようにしてみましょう。

オリジナルで作ったものを真似されたら？

せっかくオリジナルで作っても、それをパクられることがあります。僕がゴルフ会員権のホームページを作ったとき、自分でもすごいと思う〝天才的〟なページができあがったことがあります。

そしたら僕が作ったのと一字一句一緒のページを作った人が出てきました。その会社の社長は同じ業界の重鎮だったのに、まだぺーぺーの僕はその人に向かって「おまえ、なめんなよ」と電話をしてしまったんです。

僕もまだ28歳くらいだったから、ちょっととんがっていたんですね。

相手の社長はしたたかな人だったので、「ホームページの制作会社が勝手に作ったらしいんだ。僕はあんまりわからないよ」とかのらりくらりするわけです。

僕はすごくブチ切れて、「おまえの会社の悪い噂、みんな、知ってるんだからな」的な捨てぜりふを吐いて、電話を切りました。そのまま激高しながらトイレに行ったら、洗面所の鏡に鬼のような形相が写っていたんですね。

その瞬間思いました。俺、こういう顔をするために仕事してるんじゃないよな、と。こんなことがあっても、ニコニコしていられるためには、どうしたらいいのかと考え始めて、約1カ月かかりましたが、最終的にたどりついた結論は「真似すればするほど、業界がデカくなるもの」を作ろうと思ったんです。

「真似されると奪われる」という世界観から、「真似されると、業界がデカくなるから、もっと人が来る」という世界観にしたわけです。

そして意識を変えたら、僕のところの売上が倍になりました。「真似していいよ。だって業界がもっと大きく発展するもん！」という視点でいたら、よりアップグレードしたものになれたわけです。

もっともそんなふうに気持ちを入れ換えるのに丸々1カ月かかりました。その間中、ずっとイライラして、毎日ポテトチップスを食べていたので、太ってしまいましたが。

とにかく、小さい池でメダカをとり合ってけんかしていても、何も解決しないってことです。自分の池にメダカをとりにきた人がいたら、その池は渡して、もっと大きな池を探しに行けばいい。そうやって業界全体を広げていくほうが、結果的に自分の夢もかないやすいし、相手も幸せになれます。

ビジネスの仕方を真似されたら、「自分の作った方法で、市場が発展するんだ」と考えよう。

23

夢を語れば、お客さんに愛される

そば好き山崎さんが夢をかなえるまで

夢を語れば、みんなが応援してくれて、お客さんからも愛される、という根本的な話をします。

僕のセミナーを受けてくれた人で、いまは北海道で「手打ちそば淳真」というお店をやってる人がいます。その人は、山崎さんといいます。以前は営業職で、日本中飛び回っていたのですが、どうしてもそば屋がやりたくて、会社を辞めたそうです。

僕のセミナーを受講していたときも、ひたすら「そばがどれだけ好きか」という話しかしませんでした。そばの話になると、満面の笑みを浮かべ、花がぱっと咲いたみたいになって、とまらなくなる人でした。

でも自分の店が持てる具体的な方策もなくて、「こーちゃん、どうしたらいいんでしょう」と言っていたので、「そば屋をやりたいって、周り中に言いふらしてみてください」とアドバイスしました。

そしたらしばらくして、思いがけない話が飛び込んできました。ある人がそば屋を始めようとしたものの、奥さんの反対にあって開けなくなってしまった、というんです。店はもうできあがっていて、そんなに喜んでそば屋をやりたいなら、この家賃でもいいよ、と想像よりずっと破格の家賃でお店を貸してもらえたそうです。

あの山崎さんの笑顔を前にしたらすごく納得できるなぁ、と思いながら話を聞いていたのですが、こうして念願のおそば屋さんをオープンすることができたそうです。

でも、この話には続きがあって、山崎さんは本当にこだわりのそば粉が作りたくて、製粉所もほしくなったんです。

「その夢もどんどん語ったほうがいいですよ」と僕が言って、山崎さんはいろんな人にそのことを話しまくりました。そしたら、今度は本当に製粉所を手に入れることができたんですよ。うそみたいな話でしょ？

知り合いがこの間、その人のところに行ったそうです。そしたら、店の人から「畑にいる」と言われて、「畑？」と思いながら教えてもらった場所に行ったら、なんとそこには青々したそば畑が広がっていたんだそうです。

山崎さんは喜々としながら、畑でそばを作っていました。

こだわりのそばを、なんとそばの実から作り始めていたんですね。畑で働く山崎さんの背中が本当にうれしそうだったと、あとで知り合いは僕に教えてくれました。

立地はあんまりよくないのに、お店はすごく繁盛していて、お客さんはみんな山崎さんが作るそばが大好きなんだそうです。

お客さんの一人が「毎日、畑の世話をしたり、そばを粉から作るって、大変じゃないですか？」と質問しました。すると、山崎さんは満面の笑みで「こんなに楽しいことが毎日できるなんて、夢みたいです」と答えたそうです。

うらやましい限りです。山崎さんは夢を語って、夢をかなえました。幸せ指数で言ったら、僕より上かもしれない、と思いました。

山崎さんは夢を語り続けているうちに、応援されて、夢が実現していったんです。

全員が全員、そこまで行けるとは限らないでしょうが、**夢を語り続けることは大切です。楽しく夢を語っている状態は幸せだし、周りも幸せにします。そして楽しそうな人ってなぜか応援されてしまうんですよね。**

仕事でいえば、ビジョンを語って共感してもらうと、すごくいいお客さんが来ます。だから「将来、こういうことをやりたい」という夢をどんどん語るべきです。

夢をめざして頑張っていて、応援してもらえる。これが夢をかなえる仕事の理想です。

ヒストリーと夢を語ると「ブランド」になる

小さい池のメダカをとり合わないためには、オンリーワンの才能を磨くという話をしましたが、このオンリーワンは「ブランド」という言い方もできます。

いわゆるブランドものにはストーリー性があります。これは以前聞いた話なんですが、とある有名ブランドが銀座にビルを建てたとき、建設に携わった大工さんの名前を建物に刻んだというのです。いい話だと思いませんか？

そういう話を聞くと、「ねえねえ、知ってる？　銀座のこのブランドってさ」といっのまにかブランドの営業の人になってしまいます。

ブランドの話でいえば、ルイ・ヴィトンに関してだと、これも有名な話らしいんですが、タイタニックが沈んだとき、ヴィトンのバッグは作りがいいから、海にプカプカ浮いていて、それにつかまって助かった人がたくさんいたそうです。これなんかも、ちょっと話したくなりますよね。

こんなふうにその会社や商品に関して感動した話やいいエピソードが自然に伝わると、みんなが話したくなります。

この「自然に」がとても大切です。あるブランドがホームページで「ビルを建てた人の名前を刻印しました」なんてアピールすると、逆に押しつけがましくて厭味なんですよね。

ストーリーや夢を伝えるには、奥ゆかしさが大事です。

たとえばスターバックスでコーヒー豆を買うと、豆ごとに違うチラシが入っていて、このコーヒーを買うとこの地域にお金が回って、学校が建つとか、この豆はこの地域に井戸を掘って新鮮な水が飲めるようになる、と書いてあります。

これが大々的にお店にポスターが貼ってあって「みんなで学校を建てましょう！」みたいに宣伝されていると興ざめします。でもチラシに書いてある程度だと、誰かに言いたくなるし、その店のファンにもなります。

ヒストリーや夢をそっと語るこのやり方は、ライバルを排除するのではなくて、〝自分の王国〟をよりよくする感じなんじゃないかと思います。

自分の池をより美しくすることで、オンリーワンの強みを発揮できます。

自分の仕事や商品をブランド化したかったら、心が動いたことや、「そもそも」なぜこの仕事だったのか、どんな世界を作りたかったのかなど純粋を掘り下げるんです。

そうすればブランド化につながるオンリーワンが導き出せます。そこに共感してもらうことで、お客さんは根強いファンになってくれます。

「自分はこうなりたい！」を語ると、お客さんに選ばれる。

24

お客さんと同じ立場で話し始めよう

ほしいものを理解してくれる人だけをお客さんにしよう

ラクに商品を売りたかったら、お客さんと同じ立場に立つことです。

売る人、買う人だと対立する。同じ立場に立つ人は、お客さんが共感してくれます。

前にセミナーをやったとき、自然派の石鹸を売りたがっている女性がいました。その人は自分がお客さんとしてオーガニックの石鹸がほしかったのに、なかなか満足な商品がなかったそうです。だから自分で作ってしまったとか。なんか夢がありますよね。

そういう人が作った石鹸って、ほしくないですか？

この人はヒーリングの仕事もしていて、「この香りだとすごく心が落ち着く」とか、とても詳しいんです。そんなふうに石鹸が好きなお客さんの共感を得ていました。

仕事をやっていると全員のお客さんを満足させることは不可能だと気づきます。日本人は「すべてのお客さんを大事にしよう」とか「お客様は神様だ」と思いがちですが、そんなことははなから無理なんですね。

自分が大事にしていること、「そもそも」の部分を邪魔するお客さんは来なくていい、というくらいのスタンスでいたほうが、仕事はうまくいきます。

逆の言い方をすれば、自分と同じ立場のお客さんしか大事にしなくてもいいのです。

この間、ネットニュースで見ていて面白かったんですが、どこかのデパートで売り場の人がクレーマーみたいなお客さんに一生懸命対応していたらしいんです。

そしたら外人の店長が出てきて、「シャラップ!」と言ったそうです。

「おまえは客じゃないから、来るな!」と言って追い返したとか。

その話がフェイスブックに上がって、「いいね!」がいっぱいついていました。

だから全員を大事にしなくていいんです。それより一緒にいて気持ちが盛り上がる人、夢やビジョンを共有できる人を大事にしたほうがいいと思います。

同じ立場に立てない人は潔く切ってしまう。僕はそちらに賛同します。

愛すべき〝オタク力〟でお客さんとつながる

どうせ商品を買うなら詳しい人から買いたいと思います。詳しい人は、それを愛してやまない人だから、LOVEが半端ではありません。

そのオタクっぷりがお客さんをひきつけます。遠慮せずに〝マイワールド〟を披露していいんです。それで〝引く〟お客さんは、いいお客さんではありません。

嫌な人にも好かれようとして、自分を相手に合わせてしまうと、うまくいきません。嫌な人に気に入られるためにすごくエネルギーを使って、本当に共感してくれている人に少ししかエネルギーが使えないのは、どこか間違っています。**エネルギーを注ぐ対象を絞ったほうがずっとラクになれます。そうすれば「本当にそれがいい」と共感してくれるいいお客さんだけが来てくれるようになります。**

セミナーに来た方でこんな人がいました。絵が好きなので、美術に関係する仕事をやりたいと思っていますが、どうしたらいいかわからないという女性です。

絵画についてものすごく詳しいし、「作家LOVE」は人に負けません。僕がアドバイスしたのは、そのオタクぶりを徹底的にアピールすることでした。

自分のブログを使って、絵の背景や作家のこと、自分がこの絵とどこで出会って、そのときの感動はどうだったとか、オタクの情熱をこめて書くんです。

「ステキでしょ？　これ」みたいな感じで書いていくと、「えー、見に行ったの？　すごーい！」という人が出てくるので、そういう人をお客さんにすればいいわけです。

仕事というと、みなこちらから無理やり口説かなければならないと思いがちですが、そんなことはありません。「すごーい！」と共感してくれる人だけを相手にして、「私と一緒にこのことで語り合いませんか」とオタクっぷりをアピールすれば、同じ夢、同じ立場にいるお客さんとつながることができます。


商品への愛をたっぷり語ると、お客さんが集まってくる。

25

「自動化」すれば、いくらサボってもうまくいく

幼稚園のころの夢は、自動販売機のオーナー

寝ていてもお金が稼げる仕事がある。それに気がついたのは幼稚園のときでした。

いつものように駄菓子屋に行って、30円のお菓子を2個買い、おばさんに60円渡したときです。ふと横を見たら、駄菓子屋の横に置いてある自動販売機からおじさんがジュースを３、４本まとめて買っていったんです。

当時ジュースは１本１００円でした。だから、目の前で一気に４００円が売れていったわけです。駄菓子屋のおばさんは60円しか手にしていないのに、自販機は置いてあるだけで、一気に４００円も稼いでいる。人間のおばさんより自販機のほうがすごく優秀なロボットなんじゃないか、と幼稚園児の僕は思ったものです。

もし自分が何もしなくても、お金が入ってくるとしたら、自分は好きなことをして毎日楽しく暮らすことができる。これこそが夢のような世界ではないか。

そのときから、自分が何もしなくても勝手にお金を稼いでくれる自販機のオーナーになるのが僕の夢になりました。

どこの自販機が売れているのか。幼稚園児のくせにそんな目でジュースの自販機を見ていたのですから、ずいぶん変わった子どもだったと思います。

少し大きくなると、さすがに自販機にはジュースを運ぶ必要があり、遊びっぱなしでは暮らせないとわかってきます。

そこで今度は寝ていてもお金を稼いでいるお父さんを探すようになりました。友達の家に遊びに行くと、お父さんがいるかどうか観察していたんです。

うちの父は仕事で忙しかったので、単純に家にいるお父さんがうらやましかったこともありますが、お父さんがどうやって稼いでいるのかに興味があったんですね。

観察の結果、よく家にいるお父さんには3パターンあることに気がつきました。

ひとつは、定時で帰れる公務員のお父さん。夕方5時で仕事が終わるので、早く家に戻ってきます。

ふたつ目はいろいろな事情で、仕事についていないお父さん。会社をクビになったり、商売に失敗したり、事情はさまざまだったと思います。

みっつ目はビルや土地を持っていて、貸しているお父さんです。3番目のパターンのお父さんは寝ていても稼げるお父さんなんだな、とうらやましく思いました。

ああいうお父さんになれば、あんまり仕事をしなくても、家族と遊びに出かけたり、子どもとふれあう時間もちゃんととれて、しかもお金が稼げます。

子どもながらに自分もそんな大人になりたい、とずっと思ってきました。そのおかげでいまはそういう父親になれたんですけどね。

幼稚園のときから、寝ていてもお金が稼げる方法をめざしていたので、父のゴルフ会員権の会社を手伝い始めたときも、どうやったらなるべく働かないでお金が入ってくるか、その仕組みを一生懸命考えました。

そのひとつがホームページを使って、ネットで会員権を売る仕組みでした。

最初はネットで会員権が売れるのか、と半信半疑でしたが、本当にひとばん寝て朝起きると、注文のメールが来ているんです。僕は寝ていただけだったのに、今日は3000万円の注文が入っちゃったよとか、すごく幸せな夢のような世界でした。

こんなふうにいつも「寝ていてお金が入って来る方法って何だろう？」という目で世の中を見ていくと、気がつくことがいろいろあります。

自分の苦手なところにOKを出せば、どんどんうまくいく

自分の大好きなこと、天職だ！　と思えることをやっていく。

それと同時に、自分が苦手にしている部分も、自分で認めてしまう。

そうしていくと、なぜか自力で頑張らなくても、どんどんうまくいっちゃう、不思議な法則がスタートするんです。

多くの人は自分にとっての「苦手なところ」が見え始めると、克服しようとして、「好きなこと」にパワーを使わず、ますます「嫌いなこと」にパワーを使い始めます。

でも、**そこでそうしないで、自分の好きなところを認めながら、苦手なところを許し**

てあげてみてください。

すると、不思議なもので、自分が苦手にしている部分を「大好きだ！」という人があらわれます。

たとえば僕は、経理がとても苦手です。ところが、世界には「経理大好き！　エクセルの入力超好き！」っていう人がいるんですよね。僕の身近にもいます。

そういう人は、エクセルを入力する前、まるで登山家が山をこれから登るかのような気分になり、全部入力したら、登頂に成功したみたいなすがすがしい達成感に包まれるようです。

僕は、その人に、思い切ってエクセル仕事を全部お願いしちゃいました。すると、自力でやっていたときよりも、ものすごく効率よく回るようになったんです。

実は、**うまくいくにはこのメンタリティがとても大切**なんです。

ロバート・キヨサキさんの『金持ち父さん貧乏父さん』（筑摩書房）という本では、働く人には次のような「4つの世界」があると言われています。

「従業員」「自営業者」「ビジネスオーナー」「投資家」の世界です。

「従業員」と「自営業者」の人は「苦手でもなんとかして自分でやろう！」と考えます。

これは人から「優秀だと思われたい」という気持ちと連動しているんですよね。

ところが、**「ビジネスオーナー」や「投資家」は、自分の好きな部分と苦手な部分をよくわかっています。「この部分で活躍できるな！」「こんな才能があるな！」と感じているほかの人に対して、どんどん自分の仕事のサポートをお願いしていきます。**

活躍の場ができるので、サポートを頼まれた人たちは喜んで働きます。そうしているうちに、「ビジネスオーナー」と周辺は好きなことをどんどんやって、とても効率的に仕事が回り始めるんです。

たくさんの人へ活躍の場を提供した「ビジネスオーナー」や「投資家」が、たくさんの収入と自由な時間を手にできるのは、こういうわけです。

ここまでのところで、みなさんの中にはもしかすると「ふつうの会社員の自分が、『ビジネスオーナー』になるなんて、道のりが遠いな……」と感じる方も多いかもしれません。

ただ、**「ビジネスオーナー」にならなくても、自分の好きな部分と苦手な部分を認めたり、許したりしてあげると、自分をサポートしてくれる人が一気に増え始める**んですね。

これって、老若男女、職種を問わず、今日からできるとっておきの方法なんです。

実は世の中に、「収入を上げる」ことを目的にしたノウハウはありません。収入って人の力を借りて自分が好きなことをしていると、「結果的に」上がるものなんですね。

日本は、「自力で一生懸命頑張る」ことが美徳にされがちな社会。

でも実は、**うまくいっている人は、先ほどもお話ししたような、「自力で頑張らずに、人の力を活用できる人」**だったりします。

こういう、**周りの人と楽しい気持ちでつながることで、どんどんうまくいく不思議な力学を、僕は「ビジネスクラス・ファーストクラス理論」って呼んでいます。**

簡単に説明すると、ビジネスクラスの人が一生懸命契約書などを作成したり先方と調整作業に追われてる一方で、ファーストクラスの人は、ビジネスクラスの人が下準備してくれたあとで、最終チェックと調印だけする、みたいなイメージです。

僕自身、もともと「ビジネスクラス」どころか「エコノミークラス」の人間でしたから、両方の世界で見える景色が全然違うことを知ってるんです。

ビジネスクラスは、移動中でもノートパソコンを開いてがっつり仕事する！　みたいな人ばっかりでした。一方で、ファーストクラスは、というと、のんびり新聞や雑誌を読んでくつろいでいるように見える人ばかり。

「自分で頑張らないとダメだ」みたいな心のブレーキをはずして、ほかのデキる人の

力を借りちゃいましょう。そうすれば、僕が体験したように、「いつのまにかラクしてる！　なのに幸せ！」な世界が広がってきます

そこには、愛と感謝が際限なく広がっています。そう、「競争し合う世界」ではなくて、「協調し合う世界」です。

日本一の個人投資家と呼ばれた和平さんが常々おっしゃっていたのが、**「真心と真心がつながると、大きく成長してみんな楽しいがね」**という言葉。

和平さんは、自分も事業家でいらっしゃるにもかかわらず、「自分のお金をどこに流したら、もっと多くの人が喜ぶか？」という視点で投資していた方でした。

自分の大切なお金を、より優秀な人に流してたくさんの人を喜ばせる。そのことで、みんなで楽しくうまくいく。

自分の苦手な部分にOKを出すと、その部分を代わりにやってくれたり、手を差し伸べてくれる人がどんどんあらわれます。

そして、**そうして集まってきた人たちと楽しい気持ちでつながると、自分のやりた**

かったことがどんどん実現していく不思議な力学がスタートするんです。

優秀な人を雇って、代わりにやってもらう

しかし、「従業員」「自営業者」から「ビジネスオーナー」「投資家」に行くには、いままで自分が常識としていたルールを真逆にしたり、メンタルブロックをはずさないといけないので、なかなか難しいものがあります。

僕は27~28歳のころ、ゴルフ会員権の販売をしながら、寝ていてもお金が稼げる「ビジネスオーナー」にたくさん会って、その方法を聞きまくっていた時期がありました。

そしてわかったのは、彼らは自分が優秀であろうとしていない。自分より優秀な人を評価して、使っていたことです。

「ビジネスオーナー」になれないほとんどの社長は自分より優秀ではない人を雇います。「ヤバい！　会社を乗っとられる」とか思うからです。でも「ビジネスオーナー」になれる人は、「いやあ、君、すごいよ」と言って、彼らを評価し、仕事をまかせています。

そうすれば、優秀な人たちが進んで仕事をしてくれて、会社は自分がいなくても自動

的に回っていくようになるんです。この踏ん切りが難しい。

重要なのは「自分はバカでいい」ということにOKが出せるかどうかです。

もちろん「ビジネスオーナー」は本当はバカではありません。むしろふつうの人よりずっと頭がいいと思います。

ですが、ふつうの人と違っているのは、「自分への評価なんて、どうでもいい」と思っている点です。世間が自分のことをどんなふうに思おうとそんなことはどうでもいい。

なぜなら、仕事は自分以外のものがやっているので、自分への評価と収入は無関係だからです。唯一必要なものがあるとすれば、人間力でしょうか。

優秀な人が自分のために喜んで仕事をしてくれたり、手伝ってくれる。そんな人間力さえあれば、のんきでちょっとぼおっとしている人でも、十分「ビジネスオーナー」が務まります。

ちなみに和平さんは100社以上の上場企業の大株主になっていましたが、自分が興した夕マゴボーロの会社は上場させませんでした。その理由はこうでした。

「こーちゃんなぁ、自分が会社を大きくしようかなと考えたけど、気が乗らんかったねぇ。ところがどうだい、人様からお金を預かってでも経営をしたい！　という気がある人がたくさんおるって言うよね。だからその人たちに出資したら喜ぶよね。わしが経営するよりも、その人たちが経営したほうがずっと喜ばれるがね。それで投資を始めたよね」

和平さんは世間的な名誉より、自分の自由な時間を選んだわけです。楽しく夢をかなえたかったら、義理や義務の時間に縛られないことです。

和平さんは空いた時間で、自分が好きな伝統工芸の作家に作品を作らせたり、展示会を開いたりしていました。

「ビジネスオーナー」には仕事以外にやりたいことがいっぱいある人が多いんです。**「こんなことがやりたいんだ」という強い夢を持っていると、毎日のルーティンに埋没せずに、自動的に仕事を回す仕組みが見つけられると思います。**

寝ていてもお金が稼げるように自動化して仕事を回す仕組みを作ろう。

エピローグ

人間はiPhoneのようなもの

僕は、父の会社を手伝っていたときに、富裕層のお客さんにたくさん会いました。

お客さんたちは、お金に恵まれているだけでなく、大好きなことをしていて、人にも恵まれていました。まだ20代だった僕にも、優しく接してくださる方がとても多かったのです。そして、思ったんです。「**人やお金に恵まれる人って、何が違うんだろう？**」って。

僕は営業そっちのけで、お客さんに質問しまくっていました。「**どうしたら、あなたのようになれるんですか？**」

そのおかげで、人生が大きく変わったんです。僕が気づいたのは、**人間はiPhoneのようなもの**だ、ということです。もともとは同じ性能でも、どんなアプリを入れるかでまったく違った人生になります。

僕は、運よくお金持ちの人や人間関係のいい方々と出会えて、いいアプリをどんどんインストールすることができました。そのことを周りの仲間や友人にも教えていったら、彼らもいいアプリがインストールできて、人やお金に好かれるようになったんです。

その中には「いままで全然違うアプリをインストールしてたから、大変だったよ。どれだけ努力してもお金に恵まれないわ、人にも振り回されるわ。でもこーちゃんに出会って、いいアプリに入れ直したら、ほんと、幸せになれたわ。ありがとう」という人もいました。

また、僕はこのアプリを広めたいなあと思いセミナーや講演会を開催し、僕のホームページから動画でも受講できるようにしています。

http://www.hondakochan.com/

この本では、そのセミナーや講演会でとくにお伝えしたいことをまとめてみました。

もしいま、あなたが幸せでなかったり、夢がかなえられていなかったりするなら、別のアプリに入れ換えてみたらどうでしょう。

この本では、僕が富裕層の人たちから聞きまくって、自分がインストールしたアプリをありったけ紹介したつもりです。みなさんがこの中から気に入ったアプリを見つけて、インストールして、幸せになり、楽しく夢をかなえていただけたらとてもうれしく思います。

２０１７年８月　夏の軽井沢にて　本田晃一

[著者紹介]

本田晃一（ほんだ・こういち）

1973年1月生まれ。1996年にオーストラリア大陸を自転車で横断。バックパッカースタイルで世界を回る。そのとき、オーストラリアで多くの人がインターネットにふれていることに刺激を受ける。

帰国後、父のゴルフ会員権売買業を手伝う。ゴルフ会員権を購入するお客様は、経済的に豊かなだけでなく、生き方も豊かな方が多く、たくさんの助言をいただく。お客様のアドバイスをベースに、2年かけてホームページを立ち上げ、年商は10億円超を記録。富裕層のお客様から、愛されるビジネスの構築だけでなく、家族との幸せな時間を大切にするために、自由なプライベートの時間を確保する秘訣も教わる。

当時は、インターネットが普及し始めた2000年で、「ネットマーケティングのパイオニア」と呼ばれ、コンサルや講演依頼が殺到したものの、自分の時間を大切にしたく、講演よりも多くの人に届けられるブログや公式ホームページ等を通して情報を配信し始める。

「お客様から愛されながら会社を発展させる」ことだけでなく「忙しい経営者がどうやって自由なプライベートの時間を確保し家族と楽しめるか」といった自由なライフスタイルを提唱。2007年、日本一の個人投資家・竹田和平氏から後継者としての打診を受け、和平哲学の素晴らしさに感銘を受け、気づけば500泊寝食をともにし、多くの帝王学を学ぶ。

2010年の結婚を機に、家族関係や人間関係などより幸せに生きるヒントを達人たちから学び、そこで得たヒントもまとめ「世界一ゆる〜い幸せの帝王学」としてブログなどで配信中。

本田晃一 公式サイト http://hondakochan.com/
オフィシャルブログ「世界一ゆる〜い 幸せの帝王学」 https://ameblo.jp/hondakochan/

はしゃぎながら夢をかなえる世界一簡単な法

2017年 9月22日 初版第1刷発行
2017年10月17日 初版第3刷発行

著　者　本田晃一
発行者　小川 淳
発行所　SBクリエイティブ株式会社
〒106-0032 東京都港区六本木2-4-5
電話 03（5549）1201（営業部）

装　丁　小口翔平、三森健太、岩永香穂、喜來詩織（tobufune）
本文デザイン・DTP　徳永裕美、玉造能之（ISSHIKI）
本文イラスト　丹下京子
カバー写真　Caiaimage/Paul Bradbury/Getty Images
編集協力　辻 由美子
作家プロデュース　山本時嗣
編集担当　小倉 碧
印刷・製本　株式会社シナノパブリッシングプレス

ISBN 978-4-7973-9343-9